女子高校の四季

ある教師の四十一年

山田晴彦
Haruhiko Yamada

風媒社

はじめに

一九六四年四月、私はN短期大学付属高等学校（一九九九年、校名を現O学園高等学校に改称）に二十四歳で赴任した。大学時代、教師になるという考えはまったくなかった。それが民間企業への就職がおもうようにいかず、一年留年して迷っていた時、とりあえず名古屋に帰って教師でもやってみるかと考えた。いわゆるデモシカ教師である。

卒業前年の九月だったか、知人の紹介で同校の採用面接を受けた。面接してくれたのは理事長（兼校長）と教頭（主事といった）の二人であった。簡単な質問や注意があっただけで、あっさりと採用が決定。これにはびっくりした。当時、公務員とか教師の待遇は一般企業と比べてあまり良くなく、なり手が少なかったからのようである。だから、初めは教師という職業を一生の仕事とはまったく考えていなかった。

ところが、高校教師になってわかったことは、若者を相手とするこの職業が、自分の性《しょう》に合っているということと、好きな歴史の本が読めて、それを仕事に生かすことができるというのがとても気に入ったこと。三年後にはもう教師として生きてゆくことに迷いはなかった。

以来四十一年間、O学園高等学校一筋、社会科の歴史関係を中心に教えてきた。本書はその間の女生徒の生の姿や、私との関わりのほんの一端を記したものである。

ともあれ、在職四十一年間、そのうち連続して担任をもったのは三十二年間。一クラス平均五十名として千五百名以上の女生徒が私の背中を荒々しく、そして優しく踏み超えていった。

女子高校の四季　ある教師の四十一年

目次

Ｏ学園高校の生徒たち

初めに、私が四十一年間勤めたＯ学園高校の生徒の一般像について記す。この学校は名古屋市内にあり、百年以上の歴史を持つ私立の女子高校である。いわゆるお嬢様学校ではないが、中学での成績は中位以上にある生徒が多く、家庭的には比較的穏健な中流に属する者が大半である。そのせいか、性格が真面目で穏やかな生徒が多く、基本的な生活習慣は身についており、そこから次のような感想を持つようになった。

一言で言って〝最高の高校生〟。大げさでもなんでもない。私は心からそう思っている。教師を辞めて懐かしがって言っているのでもない。現役のころからそう思っていて、いろいろなところでそう発言してきたし、書いたりもしてきた。

優しくて思いやりがあり、そして真面目で素直である。今どきの高校生によく見られる大人や社会を小馬鹿にしたり、人を食ったような言葉や行動をする生徒はめったにいない。ごくまれには道を踏み外したり、反抗する者もいたが、大半の生徒は我々教師に対して畏敬の念をもって接してくれた。もう少し具体的に記してみよう。

まず第一に、生徒の授業を受ける態度が良い。こんなことを言ったらおかしいかもしれないが、O学園高校では昔も今も〝授業が普通に成り立つ学校〟なのだ。一時、小中学校を中心に〝学級崩壊〟が問題になった時期があった。高校でも少なからぬ学校で、そういう状況にあったと聞いている。

ところが私の四十一年間、教室が荒れて授業が成り立たなかったということは一度もなかった。たまに騒いだり、私語することはあっても、言葉で注意してちゃんと聞いてくれた。教師にとってこれほどありがたいことはない。

ある年、視聴覚教育の研究集会が本校で開かれた。公立も含めて他校の先生が大勢来校して、本校の視聴覚教育の実践を見学した。当然帰りにはアンケートを書いてもらう。ほとんどの先生が本校の生徒の授業態度をべた褒め。一度でいいからこういう生徒を相手に授業をしてみたいと書き残した先生もいた。

次に誇りに思うのは、遅刻・欠席が極端に少ないこと。これは基本的生活習慣の中でもっとも大切なものの一つである。毎年、O学園高校では一定の計算式で生徒の遅刻・欠席の指数を出している。これが素晴らしくいいのだ。同じ計算である公立高校のものと比較したら二分の一以下である。ちなみに、二〇一六年度の皆勤生徒は、卒業生三九九人中一〇二人であった。

このことを教師が少し甘く考えると、果てしなくルーズになっていくという側面をもっている。いったん崩れだしたらもとに戻すには並大抵の努力ではできない。生徒が真面目であることに加えて、毎朝の校門指導、教室での出欠確認、日ごろから家庭との連絡を緊密にとりながら指導してきた結果であろうと思っている。社会に出たとき、このことは多少の成績の善し悪しより評価されるだろう。

さらにきちんと挨拶ができる。「ありがとう」「失礼します」「すみません」「ごめんなさい」と普通に口からでる。昼休み、こちらが昼食をとっていたとき、急用で来た生徒に「お食事中、失礼します」と言われて感動したことがある。こういうことって、学校の教育の結果ではなく、家庭での育て方が良かったことによるのだろう。

服装・髪型については、もう言うに及ばずである。特に一部の高校生に見られるような短いスカート、国籍不明のような茶髪、一時流行した象の足のようなルーズソックスは本校にはいなかった。

O学園高校には広い運動場がないので、体育祭は県の体育館を借りて行う。そのとき、予行演習と本番の日の二日間だけ、生徒の多くが地下鉄「市役所」駅を利用する。その駅では、毎日本校とよく似たセーラー服の女子高生が利用している。私たちが改札近くで生徒の指導にあたっていると、駅員が寄ってきて、「あの学校の生徒に比べてお宅の生徒さんは礼儀正しく、服の着こなしも立派だ」と一度ならず褒めてくれた。

文化祭や卒業式などで使用する名古屋市公会堂の清掃員も、「お宅の生徒さんはしつけが良い。トイレの使い方をみればすぐわかる」と言ってくれた。

毎朝、私は気持ちを切り替えるために、最寄りの地下鉄駅から学校までわざと回り道をして出勤していた。そこは住宅街の細い路地で、ある日老夫婦が朝の散歩であろうか、向こうから歩いてきた。そのとき、すれ違いざまに耳に入った二人の会話、「あの学校にはだぶだぶのソックスや、茶髪の生徒さんがいないからいいねえ」に、危うく「俺、そこの先生」と言いそうになった。

ホワイトツーラインの入ったセーラー服をきちんと着こなし、胸を張って登校してくる生徒たちを、毎朝校門で迎える私たちは本当に美しいと思っていた。

こういうのが学校の伝統というものだろう。これらは一朝一夕にしてできるものではなく、生徒と教職員が長年にわたって努力し、培《つちか》われてきたものだ。四十一年間、このような生徒たちに囲まれて私は本当に幸せであったと思う。

入学式

桜満開の四月初め、日本では小学校から大学まで入学式のシーズンだ。どの学校にも希望と不安が入り交じった複雑な気持ちで、生徒・学生が入学してくる。だれしもくぐらなければならない人生の節目のこの入学式。

まず自分のことから語ろう。小中高大と入学式を四回経験したはずなのだが、記憶に鮮明に残っているのは高校だけ。小学校は式そのものがあったのかなかったのか。とにかく一九四五年八月終戦の翌年四月入学だから、学校としても式どころの騒ぎではなかったのだろう。校舎も焼けてしまって、近くの幼稚園の校舎を使って授業が行われたくらいだった。中学の入学式はあったことは覚えているが、ほとんど印象にない。

大学は千人以上が立ったままで式が行われた。学長がどんな人だったか、クラスの連中がどこにいるかもわからない、締まりのないものであった。

ところが、高校の入学式ではやけに鮮明に覚えていることがある。教頭M氏の言葉だ。その学校は県下でも有数の進学校で名門校の一つだった。世の中がバラ色に見えたのは合格発表から入学式までの数日間のみ。その入学式は砂塵の舞う校庭で行われた。校長が何をしゃべったのかまったく覚えていない。哲学者みたいな人で、高校生活三年間での印象が薄い。それに比べて、教頭の言葉はストレートで強烈だった。

「お前たちは将来、人の上に立つ人間になるのだ。そのために勉強、勉強、勉強だ！」と口角泡を飛ばして叫んだのを覚えている。度肝を抜かれるとはあのこと。そして、三年間の受験勉強だけの灰色の生活が始まった。

さて、O学園高校の入学式について記してみよう。入学式は卒業式と違って、本校の体育館で行われる。保護者同伴で、生徒は襟にホワイトツーラインの入った真新しいセーラー服に身を包んで、付近の桜の木の下（その桜は今はなく、ハナミズキに代わった）を緊張して登校してくる。

事前にクラスと出席番号が知らせてあるので、それに従って整列。その後方に保護者の席が設けてある。ある年など、七百人以上も入学生があって、保護者用の椅子のスペースがなくなってしまい、一時間以上も立たせてしまった。かなりの保護者は怒ってしまい、ある人はもう二度とこないと息巻いて帰って行かれた。こんなことで学校に対する不信感を持たせるのは不本意だが、あとの祭りであった。

式は定められた次第に従って粛々と進められるのだが、以前の校長は式辞の内容に気を配らなければならなかった。新入生の大半が公立高校の不合格者だったから、「入学おめでとう」と無神経に言えなかったのだ。気持ちの落ち込んでいる新入生を、なんとか奮い立たせ、「よし、この学校で頑張ろう」という気にさせなければならなかった。最近は推薦入学者（つまり、第一志望で入学してきた）が多く、そのような気配りも必要なくなった。

さて、式が滞りなく終わると、生徒は紹介された担任に率いられて教室に移動する。そこから高校生活の一歩が始まる。生徒はそれこそ教師の言葉を一言も聞き漏らすまいと緊張して聞いている。無駄な期待と知りつつも、教師はこの緊張感がいつまでも続いてほしいと願うのだが。

そして、翌日からの日程や諸連絡、配布物、提出物と手順に従ってこなし、一時間ぐらいで職員室に戻ってくる。これからがまた戦争である。一年生担任の学年初めの忙しさといったら経験した人でないとわからない。一年生の学年主任をやったときなど、仕事が次々と湧いてくるという感じだった。

そのあと、提出物の整理、資料作り、クラス役員の見当付け、清掃など各種の当番表の作成、オリエンテーション合宿の準備、そしてその間をぬって担任会だ、何々会だと会議が入っている。体がいくつあっても足りない。四十一年間仕事は増えることはあっても少なくなることはなかった。

ある研修会で聞いた話だが、学年初めの二週間は生徒との面談を最優先し、一切の会議をしないと決めた学校があった。良いことだと思った。

一方、体育館に残された保護者はというと、約一時間にわたって本校の教育について、こと細かに説明を受ける。教務部、生徒部、進路部、文化部、生徒会部、最後に父母の会から。説明する方は十分間の持ち時間で、全部を話そうとするから勢い早口になり、機械的になる。赤点は何点以下でそのつど補充試験を受けなければいけないとか、五科目以上取ると保護者が学校にこなければならないとか、一応説明しておいたぞとばかりにまくし立てるから、保護者はもううんざりである。私も生徒指導で何度か話したが、気の重い仕事であった。

こんなことで忙しかった入学式の一日も無事終わるころには、午後八時をまわっている。さて生徒はどんな印象をもって帰ったであろうか。

その昔、一通りの仕事が終わると、入学式の日は学校の新年とばかり、教職員全員一つの教室に集まって大宴会をやったものだ。二段重ねの幕の内料理が並べられ、アルコールも出て無礼講である。まだ、マイカー時代でなかったからこそできたのであろう。学校も財政上のゆとりがあったのだろうか。なにより仕事の内容が大雑把で、今ほど忙しくなかったことが幸いしていたことは確かだ。ある年など、名物老教師がしたたかに飲んで酔っぱらってしまい、学校脇の狭い路地の溝で朝まで寝ていたことさえあった。

ともあれ、毎年多くの生徒がO学園高校の門をくぐって入学してくる。彼女たちのこれから始まる三年間が、楽しく実り多きものであることを祈りたい。

オリエンテーション合宿

Ｏ学園高校では、入学してすぐの四月下旬、一年生全員がオリエンテーション合宿に行くことになっている。

合宿地の三重県Ｍ村には学園の林間学舎がある。廃校になった中学校を買い取って、教室にベッドやテーブルを入れ、宿泊室にしたり食堂にしたりと、二百人ぐらいが寝起きできるように改築したものだ。環境は抜群に良い。山深い谷の少し開けたところで、近くには人家はない。県道をはさんで雲出川の清流が流れている。広くはないが緑に囲まれた運動場。昔懐かしい木造の校舎。四月はまだ寒いくらいだが、空気は澄みわたり、種々な小鳥の鳴き声が聞こえてくる。日本の原風景のようなところである。

期間は二泊三日。そこで三～四クラスずつ交代で合宿を行う。その目的はＯ学園高校の教育を体感すること、そして生徒どうし、あるいは教師との親睦を深め、これから始まる三年間のＯ学園高校での生活の夢と希望を語るというものである。

入ってきた新入生たちは、学校のことはもちろん友達や先生のことなど、知らないことばかり。合宿初日、真新しい制服に身を包み不安そうな顔をして校門前のバスに乗り込む。学舎に着くまでのおよそ三時間、車中ではまだ借りてきた猫のようにおとなしい。着いた日の午後はクラス対抗戦をやる。以前はソフトボール、のちにはドッジボールとなったが、ここらあたりから若者らしい活発さが見られるようになる。夜は、これから始まる高校生活の夢と希望を語る時間である。大人になるにしたがって、人前で自分の夢を語るなんて気恥ずかしくって、となるが、そこはまだ中学を出たばかり。けっこう真剣に堂々と述べるのである。

私が責任者として引率したときは、「高校生活をどう過ごすか」というテーマを与えて議論させた。各クラスから一名ずつ出させ議長、副議長、書記をやらせたのだが、これが実にうまく取り仕切る。我々の職員会議の運営よりはるかに立派であった。そういう訓練というか、経験を中学でしてきたのだろう。

二日目の午前中は遠足である。学舎から約四キロメートル離れたW神社まで歩く。訓練ということで、「しゃべらない、列を崩さない、間隔を空けない」という辛いものである。とはいうものの、歩き始めてものの十分もたてば全てパー。てんでんバラバラの賑やかな遠足になる。

途中一回休憩して神社に到着すると、鳥居の前で解散する。そこから先へ入る入らないは自由。鳥居をくぐるというのは厳密に言えば宗教行為だから、それを拒否する生徒がいるかも知れないのだ。今の学校はそこまで気を遣うのである。

帰ると、昼食は校庭でカレーライスの飯ごう炊さん。鍋や食材は全て賄いの人があらかじめ用意してくれている。生徒は火をおこして、飯ごう、鍋をかけ、その回りで楽しいおしゃべりである。実際は、ほとんど担任教師がやるのだが、そんなことを通して生徒と教師の距離が縮まっていく。

できあがったカレーライスは、お世辞にも上出来とは言えない。ご飯は大半お焦げで、カレーの中には飛んできた葉っぱなどが入っている。それでも青空天井のもとで食べると最高に美味しい。

実はO学園の当時の理事長氏は、毎年この日だけは何を差し置いてもやってくる。歩くことが好きなのと、このカレーライスに目がないのである。

午後はまた昨日の続きの討論会。居眠り生徒続出。我々も同じ。

夕食後は、これまた楽しいファイアーストーム。燃やす材木は管理人のおじさんが前もって組み立ててくれている。私は学生時代、何回か部活動の合宿で経験しているが、材木を適当に組み上げ、灯油をかけてだれかが勝手に火をつけて、フォークダンスを踊るだけ。あるときなど、間違えて灯油ならぬガソリンを買ってきたのがいて、火をつけたら大爆発。すんでのところで大事故になるところだった。

もちろんこの合宿は学校行事だから、ちゃんと役割を分担し、準備万端怠りない。開会を宣言する者。火をつける者。全員の斉唱。そして、クラスごとのスタンツである。入学してわずか十日ぐらいしか経っていないのに、生徒たちはとてもよくやる。全員が協力しようという気持ちがあるからだ。少々の失敗は笑いに変えるというのも若さである。我々教師は、この生徒の若さと明るさにただ脱帽するのみ。

最後はお決まりのフォークダンス。五十歳を過ぎてからは、さすがにその輪の中に入れなかった。終わって全ての火を消して、夜空を見上げると今の都会では絶対に見られない満天の星。

三日目はこの合宿のまとめと大掃除である。この大掃除では、今ではどこでもやらなくなった雑巾がけをやる。しかも床は杉板。彼女たち、こんなこと家庭ではやったことないのだろう。ストンと腰を落として拭いている。雑巾の絞り方から教えなければならない。これも一つの経験である。

最後に合宿中の食事風景について。これは尋常ではない。食事中いっさい私語をしてはならない。ひたすら出されたものを黙々と食べるのみ。まるで修行である。メニューは決して美味しいものではない。冷凍食品もある。しかし、食べられることのありがたみを感じ、送り出してくれた保護者や、食事を作ってくれた多くの人に感謝して食べなさいということである。

全てが終わって、またバスに乗って学校に帰る。合宿に行く前は不安そうだったが、今はみんな一様に日焼けして明るい顔である。友達ができたのだろうか、それとも先生と親しく口を聞くことができたのか。一カ月前にはほとんどの生徒どうし、また教師とも見ず知らずだったのに、もうこんなに親しくなっている。それだけでも意義ある三日間なのだ。

女子高校の良いところ

女子高教師になりたてのころ、「いいなあ若い女の子に囲まれて、さぞかしもてるだろう」と大学時代の友人や、口さがない連中からよく冷やかされた。そのたびに、「バカ言え、酒屋に勤めて毎日酒に囲まれたらそれで幸せか？」と切り返したものである。それはさておき、今回は女子高校の良さについて書いてみる。

まず私ごとから。小中高まではすべて男女共学、大学も全学的には共学だが法律・政治学科は男子のみ。これがめっぽう楽しかった。異性がいないから自分をありのままにさらけ出せる。ぼろくそに言い、あるいは言われながら友人との間に真の人間関係が成り立つのだ。自分をさらけ出さないと、真の友人は得られないというのは本当だ。男子のみのクラスの楽しさをそこで知った。

同じことは女子高校にも言える。異性がいないから羞恥心がなくなり、言葉遣いが乱暴になったり、挙措《きょそ》も大胆になる。しかし、そのぶんお互いの本性が出て、真の人間関係が成り立つというものもあながち大げさではない。

また、生徒会の運営や体育祭の準備なども当然女子だけで行う。そこから、男子に頼ることなく、人として大切な自立心も養われるというのもうなずける。

O学園高校に赴任して一年目、私はテニス部の副顧問をしていた。主顧問は六十歳過ぎのベテランの先生であった。ある大会での光景。相手は公立高校の女生徒。本校の生徒は全神経を張りつめてボールに集中している。失敗すると顧問の叱咤激励が浴びせられる。そして額の汗をぬぐって、「はいっ」と応えてまたボールに集中だ。

ところが相手の公立高校の女生徒はボールを打ち損ねるごとにベンチを振り向いて、「キャー」とか「イヤーン」とか身をくねらせて嬌声を発する。そこでは同じ学校の男子生徒が応援している。ボールどころかベンチに集中だ。このとき、本校の生徒の姿を美しいと思った。女子高校の良さを実感した最初の出来事であった。

女子高校というと、なにか陰湿でいじめがありそうと思われがちだが、私の勤めていたO学園高校はそんなイメージとは大違いで、生徒たちは実におおらかで明るく、屈託のない女子高ライフを楽しんでいた。

私学というのは、どの学校も創立者の燃えるような教育愛に基づく建学の精神をもち、そのもとに教育方針があって、それに沿った特色教育が行われる。そこに惹かれて生徒・学生が集まってくる。これが理想である。

公立学校は本来、教育の機会均等を保障するのが主な役割。だから学校ごとに異なった特色教育を行うことにはなじまない。これは建前。

ところが、理想だ建前だといっても、実際はそれが厳密に行われたり守られたりしているわけではない。私学の教育方針にどの程度生徒が惹かれて入学してくるか、長年勤めた私でも自信がない。おおかたの私学には、中学の偏差値や内申点、通学の便とか、併設大学の有無を勘案して応募してくるようだ。

公立も特色教育に力を入れていて、かつてある新設高校では、早く学校名を上げるために軍隊的なスパルタ教育を売りにしていたところもあったと聞いた。

ところが私学のみにできて、公立学校にはなじまない教育が二つある。それは宗教教育と男女別学教育である。

公立学校では特定の宗教教育を行ってはいけないのはおわかりだろう。信教の自由は憲法で保障されている。一方で、私学にはキリスト教系、仏教系など多くの宗教立の学校があり、それぞれがカリキュラムや施設の面でその宗教の理念に沿った教育を行っている。私学でこそ許される教育であり、それがなじまないのなら、その学校を選ばなければいいわけだ。

男女別学教育は微妙である。なぜなら国立大学にお茶の水女子大学とか奈良女子大学があり、高校でも東北地方には数年前まで県立の女子高校があった。これは戦前の男性中心社会の名残りで、本来国公立学校は男女を区別してはいけないのである。

しかし、私学はそれが堂々とできる。かつては別学が私学の主流でさえあった。ところが、愛知県ではある時期にかなりの私立高校が共学になった。それが教育の本来のあり方であると言いながら、実はそうしないと生徒が集まらないという経営上の観点からの決断だと思う。事実、共学に踏み切った私学は、確かに成功しているように見えるが、ある意味で私学の公立化と言えなくもない。私学の矜持、誇りはいったいどこに行ったのか。

セーラー服

O学園高校の制服であったセーラー服。私の勤めていた四十一年間はみじんの変化もなかった。コートや靴、ソックス、カバンなどを少しずつ改めてきたのは、その時々の流行には勝てなかったという側面がどうしてもあった。その中でホワイトツーラインの入った紺のセーラー服だけは、生徒も不満には思わなかったようだ。時代の流行に沿ってスカート丈がロングになったり、ミニになったりと私たちを手こずらせもしたが、セーラー服そのものを変えてほしいという声をついぞ聞いたことはなかった。

O学園高校が他校に誇れるものというと、一つは生徒が素晴らしいということと、このセーラー服だと思っている。先輩諸先生は良いものを残してくれたと思っていた。しかし、それも私の退職後に理事長が亡くなり、その長男氏が後を継いだとき、デザインが多少変わったと聞いている。

女子高の制服は大きく二つに分けられる。一つはセーラー服。もうひとつはブレザー系だ。現在の主流は後者のようだが、私はあまり好きではない。セーラー服はよく中学生のようだと言われるが、そんなことはない。これをきちんと着こなして、革カバンを持ち胸を張って登校してくる生徒の姿は本当に美しい。凛《りん》とした気高さ、清楚さを感じるのは私だけではないだろう。

ただし、二つばかり弱点がある。一つは暑いのだ。肩に大きな襟が被《かぶ》さっているので夏などは大変らしい。もう一つは上着の丈《たけ》がどうしても短く、電車内でつり革を持つとお腹の部分のインナーウェアが見えてしまうのだ。

O学園高校では月に一度は服装指導がある。教室でやる場合もあるし、体育館で学年全員が集まったときに指導する場合もある。見るのは主として頭髪とスカート丈である。どんな制服でもだらしなく着たらだめで、きちんと着用して初めてその人の人格が表れる。本校の生徒たちはその点ではピカ一だと自負しているのだが、これが身贔屓《みびいき》ではないことは前に記した通りだ。

このセーラー服、公立のB高校とそっくりである。街で見かけたときなど、私たちはどこで見分けるかというと靴と頭髪だ。最近、O学園高校もローファーの靴に改めたので、靴での見分けはもう難しい。とすると頭髪しかなくなる。まあ、長いこと教師をやっていると、その生徒の雰囲気ですぐわかるのだが。

最近は校名の変更や流行にともなって、制服を変える学校も多い。そんな中でかたくなに変えないで頑張っている学校がある。これはいわゆる伝統校に多い。

Ｏ学園高校も戦前からセーラー服であったが、今の形になったのは一九五五年にＮ短期大学付属高等学校と改称されてからだ。そのときの校長、Ｍ氏は常々、「本校は庶民の学校である」と言い続け、父兄に余計な経済的負担をかけさせないことを旨としていた。当時不評だった入学金の先取りをしないと決めたのもそうであったし、制服についても、中学で着ていたセーラー服を手直しすれば良いという発想だったと聞いた。

また、私が生徒部長のときにはこんなこともあった。それまで夏、冬用の制服はあっても春、秋の季節の変わり目に着る合服がなかった。生徒も保護者もなんとかしてほしいという声は根強くあったし、教職員も何とかしてやりたいと思っていた。そこで校長の了解をとって、業者にいくつか試作させた。夏服の白い上着の袖を長くしたものと思えばよい。買う買わないは自由、着用も生徒の判断に任せるというものだ。

ところが生徒部内で合意し、校長もＯＫ。次に校長がその試作品を持って理事長のところに伺いに行った。私は校長がＯＫということは、当然理事長も諒承済みと思っていたのでこれは問題なし、あとは職員会議にかけるだけと踏んでいた。ところがどっこい、理事長は駄目だと言う。その理由はいくつかあったと思うが、第一は生徒保護者に余計な経済的負担をかけさせてはいけないというものだった。老いの一徹ということもあっただろうが、これも私立学校の特徴の一端を示す出来事であった。

ある年、担任をした三年生の数人が、「私、絶対にこの制服を生涯とっておくからね」と言って卒業していった。袖口はほころび、肘がピカピカにすり減ったセーラー服を。

クラス担任

O学園高校で、なんと三十二年間連続してクラス担任を持った。これは私の教師としての最大の誇りであり、宝でもある。おそらくこの記録はO学園高校では、今後永久に破られないだろう。

赴任した最初の年こそ副担任であったが、その翌年から五十七歳まで一度たりとも担任を外れたことはなかったし、外れたいとも思わなかった。担任を持つのが当たり前と思っていた。三十代のある年、学校に教職員組合が結成され、その役員になったときは担任を外されるかもしれないなと身構えた。しかし、私を外す方が絶対におかしいと思えるほど、担任として認められれば良いと考えて頑張ったものだ。その三十二年間を振り返る。

若いときはクラス担任として失敗ばかりしていた。学年の初め、クラス生徒の名簿と家庭調査票をもらい、そこに貼られた生徒の顔写真を眺めながらあれこれ考える。そして、今年こそ絶対に良いクラスをつくってやるぞとか、担任としてクラスの生徒から信頼されたい、という思いばかりが強くて肩に力が入ってしまうのである。

私は学生時代から好き嫌いの激しい性格で、生徒相手にそんなことを顔に出してはいけないとわかっていても、タイプの合わない生徒がいると気になってしまい、結局その生徒に振り回されてしまう。逆に好ましいタイプの生徒がいると、そんな素振りなど見せていないつもりでも、他の生徒は見抜いてしまう。そして、どちらの場合もクラスの生徒から総スカンを食らうのである。

また、授業でも自分のクラスだけは特に良い授業をしたいと考えるものだから、やっぱり肩に力が入ってしまい、結果は逆になる。途中から自分のクラスの授業に行くのが嫌でしようがなくなることもしばしばあった。担任を投げ出したいと思ったことも二度や三度ではない。

それが十年ぐらい経ってからだろうか、年齢にして三十四、五歳ぐらいから、肩の力を抜いて自然体で新学期を迎えられるようになった。最初から大きな期待や欲を持たないで、どんな生徒でも受け入れられる余裕みたいなものが持てるようになったのだ。

どんな仕事にでも言えることだろうが、この心の余裕が大切なのだ。そうしてどんな生徒にも公平に接することができるようになった。まだ多少は好き嫌いがあったのだろうが、それを表に出さないだけのキャリアを積み、年齢を重ねたということか。

また、担任はあくまでも生徒の側に立って考え、行動することが大切であることも学んだ。ふだんは厳しく叱ってばかりいても、ちょっとしたところで生徒の言い分に耳を傾け、うなずいてやる。公平に、しかも誠意を込めて接していれば、生徒もそれがわかるようになる。担任だけは自分たちを理解してくれているとわかると、もうほんとうに素直になってしまう。そして、終業式あるいは卒業式には花束の一つも贈ってくれるのだ。

ある年の二年生担任のとき、こんなことがあった。その生徒は学校嫌いの勉強嫌い、今にも横道へ逸《そ》れそうな子であった。二学期から休みがちになり、家庭と連絡をとってもはっきりしたことがわからない。

実家は知多半島の先の離島なので、名古屋の祖父母の家から通っていた。一週間ばかり無断で欠席したので心配していた矢先、私の授業中に遅刻してのこのこ教室に入ってきた。普通なら「今まで何しとったんか!」と怒るところだが、このとき「心配しとったがやー!」と大声で言った。成り行きを息を殺して見つめていた生徒たちは、この一言にすっかり感動してしまったらしい。クラスは一気にまとまった。その生徒、今は島で漁師のおかみさんになっているという。

十年も担任をやっていると、生徒の反応、動きというものが、なんとなくわかってくる。ここをこう押すとこう反応する。あそこを押すとこう反応するということがだ。そんなことが楽しめるようになったと同時に、三十代後半から四十代にかけて、クラスの核になる生徒に恵まれたことも幸いした。そういう生徒を見つけ、信頼し、リーダーとして育てるのも担任の重要な仕事の一つである。

五十代半ば、生徒部長になり担任を外れた。この役職はわかりやすく言えば生徒の叱り役、嫌われ役である。毎朝校門で、登校してくる生徒の髪型や服装を見て、「スカートが短い！」「その茶髪はイカン！」と注意する役目だ。さらに私の所に回ってくる生徒の多くは問題を抱えた者ばかり。教師として、生徒を褒めることより叱ることの方が多かった私でもこれには参った。馬力のある若いときならまだしも、五十代後半でこの役職はつらかった。

退職する最後の年に、臨時に五カ月ばかり担任を持ったが、やはり楽しかった。教師は担任を持ってはじめて教師なのである。

授業　その一

小中高大を問わず学校における最も重要な教育活動は授業である。他にも部活動、修学旅行、体育祭・文化祭など各種行事、入学式・始業式・終業式・卒業式など様々な教育活動がある。さらに生徒の服装・髪型、欠席・遅刻など生活面の指導も大切であり、クラスの生徒が非行や愚行を行えば、その指導と教師の仕事は多岐にわたる。

その中で教師がもっとも長い時間を費やし、そしてもっとも苦労するのは授業である。テレビではよく学校もの、教師もののドラマが放映される。「3年B組金八先生」「中学生日記」、かつては「ゆうひが丘の総理大臣」などもあった。そこに描かれる教師像には一つの共通点がある。何だかわかりますか。

そう、授業がまったく描かれていないこと。生徒の非行や家庭の深刻な問題、部活動の指導、友人や異性との交友関係で悩む生徒の指導に、熱心に取り組む場面がほとんどである。教師の人間としての素晴らしさや愛情の深さに焦点があてられてはいるが、私たち現実の教師から見ると、その先生、授業はいったいどうしているの?と思ってしまう。

現実の教師が日夜一番頭を悩ませているのは、五十分間クラス生徒全員の興味・関心を惹きつけていかに楽しくてわかる授業をするかである。手を抜いたり、いい加減な気持ちで授業に臨むと、きっちりお返しがくる。そのあたりの生徒の反応は厳しいもので、おしゃべりが始まる、居眠りが始まる、内職をする、筆入れを机から落とす。だんだん教師の声が大きくなってゆき、そして雷だ。さもなくば、生徒が聞いていようがいまいがお構いなしに時間いっぱい一方的にしゃべって終わりという教師もいる。

どんなに熱血教師であっても、授業の下手な教師は決して生徒の信頼を得ることはできない。下手とは、つまり学ぶことの楽しさを伝えられないということである。楽しくない授業に五十分間じっとつきあえと言われれば、それは生徒が気の毒というものだ。いくら人間的に良い教師であっても、つまらない授業を我慢するのはつらい。映画やテレビドラマはそういう教師の授業の苦労は描かない。描けないのだ。

振り返ってみると、準備が不十分であったり、自信がないところでは、生徒のおしゃべりがいつも以上に気になったものである。そして、つい大声で「うるさい!」と怒鳴ってしまう。

逆に十分下調べをし、今日のポイントはここだと自信をもって教室に入ったときは、おしゃべりなんか吹き飛ばして、生徒を授業に引き込むことができた。「うるさい、静かにせんか！」ではなくて、授業への興味・関心こそ、生徒たちを黙らせる最大のポイントなのである。しかし、そんな授業ができるのは年に何回かしかない。十分な教材研究とポイントをしぼって臨む、これが授業の基本であるとわかっていても。

私は歴史が好きで教師になったが、大学で世界史全体を勉強していたわけではない。赴任一年目は、教科書に沿って毎日が勉強だった。そうでないと教室で立ち往生しかねなかった。だから、世界史の全体像もわからずに、勉強したことをやみくもにしゃべっていただけなのに、それでも一生懸命やっていたから生徒は聞いてくれたように思う。ところが、教師も十年二十年とやっていると、そのつど準備などしなくても適当に時間をつぶす技術は身につく。そして初心を忘れてしまう。

ある年の特進クラスの授業でこんなことがあった。そのクラスでは社会科の受験用科目としては日本史が予定されていて、私の世界史はやらずもがなのお荷物教科。週の時間数も少なかった。手を抜いたつもりはなかったが、あるとき、あまり生徒たちがおしゃべりばかりするので、授業の途中で「もうやめだ！」と言い放ち、職員室へ帰ってふて腐れていた。しばらくしてクラス委員長がやって来て、「ごめんなさい」と謝った。

もしそう言ってこなかったら、どう結末をつけようかと悩んでいたところだったから救われた。

あの場合、はっきり言って私の方が生徒に甘やかされていたと思う。生徒たちはつまらない授業に退屈しきっていただけなのに、その上謝らされてしまったのだ。申し訳ない。

授業　その二

私は社会科（現在は地歴科・公民科という）の「世界史」を主として担当する教師だった。その世界史にどうしたら女生徒の興味や関心を引きだせるか、私なりにいろいろ試みたものだ。

まず、これはどの教科にも共通して言えることだが、その教科を「面白い」と思わせる、あるいは感じさせること、これが一番重要である。生徒の多くに面白くないと判定されたら、その先生のそれからの授業は悲惨である。

高校が大学と異なるところ、それは大学では大方の学生はそれを学びたくて、あるいは、ある目標をもってその学部、学科に入ってくる。間違っても英語の嫌いな者が英文学科に、技術者になりたい者が法学部に入ってくることはない。

高校はそうではない。学校の嫌いな者も、英語の苦手な者も、何の目標をもっていない者も全部入ってくる。おまけに精神的には半分子どもである。

では、何の心構えもなく、歴史、特に世界史はカタカナが多くて嫌いという生徒をどうやって「面白い」と思わせるところまで持っていくか。ここで教師の力量が問われるというもの。

歴史というと、「余談とかこぼれ話を交えて、授業が楽しくできそう」なんて言う人がよくいるが、冗談ではない。そんな美味しい話がそうそうあるものではなく、本筋以外のところで生徒の関心を惹こうとすると、一時的には面白がってくれるが、すぐに飽きられる。あげくのはては馬鹿にされるのが落ちである。生徒はちゃんと本質を見抜くのである。

一に精確で緻密な授業、二に熱意と誠意、三に信念。これで押すしかその教科の真の面白さをわかってもらうことはありえない。他のことは、全て枝葉の問題にすぎない。

授業の内容をできるだけ精確、緻密に展開する。そのためには教材研究を十二分にやるしかない。一つのことを教えようとするなら、それについて十以上のことを知っていなければならない。自分の中で少しでも曖昧な所があったら徹底的に調べる。どこからどう質問されても答えられる。この自信が授業で余裕を生むのだ。話術やテクニックは上手いにこしたことはないが、下手でもかまわない。

そして、熱意と誠意。これがないと単なる教える機械になってしまう。額から汗を流し、口から泡を飛ばしながら生徒に迫っていく。質問をする。単に知識を問うのでなく、当然理解していなければならないことに答えられなかったら、罵《ののし》ってもかまわない。おしゃべりしていたら間髪を入れずに叱る。居眠りしていたら叩き起こす。

さらに、なぜこれを学ばなければならないかを、全授業を通してわからせる。自分はこのことを理解してもらいたくて歴史の教師をやっているのだという信念を感じさせる。そして一年経って、世界史の面白さが少しはわかったと思ってくれたら、一応成功だろう。一回一回の授業は堅苦しくてつまらなくても、一年を終わってそうなってくれたらそれでいいのだ。あとは自分の力で勉強できるのだから。

さらには、世界史のどの時代を教えるにしても、常に現代社会と結びつけて教えることも大切。生徒は現代に生きている。日々起きる様々な出来事に囲まれて生活している。当然それらについて興味や疑問を持つ。もっとよく知りたいという思いを潜在的に持っている。

ところが世界史の授業のほとんどは過去の出来事についてである。しかも、教科書は過去から現代に向けて順に記述してある。オリエント史、ギリシア史、ローマ史という具合だ。生徒の現実の生活とはまったく関係のないと思えるような昔の出来事だ。受験のためと割り切ってしまえば、教科書に沿ってやみくもに授業を進めていけばよい。それはそれで一部の生徒は納得する。しかし、全部の生徒の興味・関心を惹きつけることはできない。

全員とまでいかなくても、どうしたら多くの生徒の興味や関心をを引き出し、惹きつけられるか。それには、できれば毎時間、最低でもその単元のどこかで必ず現代と結びつけてやることである。

その出来事あるいはその人物が、今の自分たちの生活のどこに関係しているのか、現代社会のどこにそれが生きているのかを常に意識して授業を進めなければならない。これがまた難しい。「バビロン捕囚」でいうと、今日のパレスチナ問題との関連。「マグナカルタ」では今日の憲法の意義をというように。

さらに現実に起きつつある内外の出来事についても、そのつど的確に説明してやることは社会科教育の大きな使命である。新聞やテレビで大きく取り上げられている出来事を無視して、「唐の均田制とは……」とか、「ピピンの寄進は……」なんてやっていたらそれこそ茶番。受験のための教育ではないのだから。

勉強

小学校のときは勉強が好きでも嫌いでもなかった。勉強よりも、毎日食べることと遊ぶことばかり考えていた時代である。勉強したという自覚はまったくなく、成績は中くらいのところ。

中学では、最初は野球部に入ってプロ野球選手を夢見て一生懸命練習していたが、勉強もそんなに嫌いではなかった。特に数学と社会科が好きだった。二年生後半から高校受験を目指して意識的にやり始めたところ、成績は自分でもビックリするほど上がった。戦後の焼け跡がまだいたるところに残っている時代、大半の生徒は勉強などあまりしないので、少し気を入れてやればすぐに順位が上がったのだ。三年生後半には学年の上位から一割以内に入っていただろうか。ところが、当時公立高校の受験制度は小学区制で、我が中学から受験できる公立の普通科高校は一校のみ、県立M高校だ。小学区制では学校間格差はないはずだが、現実にはしっかり序列があって、しかもM校は県下でも有数の進学校。中学では上位一割ぐらいに入っていても、高校ではどんなに頑張っても上位には入れなかった。おまけに徹底した受験教育。勉強がつまらなくて、苦しくて、嫌いでしょうがなかった。やってもやっても成績の順位は上がらない。

部活動もせず、彼女もつくらず、これといった遊びもせず、学校が終わると一目散に家へ帰って勉強だ。なにしろ、先生は一日十一時間（学校で六時間、家で五時間）勉強せよ、さもなければろくな大学へ入れないぞと言って脅すのだ。他のクラスメイトはどうやって勉強しているのだろうと、不思議にさえ思っていた。それでも、そのおかげで大学へ入れたのだから感謝すべきかもしれない。

大学へ入ってその反動がきた。高校のように授業を真面目に聞いて、試験で良い成績を取るためだけの勉強は、もう絶対にするまいぞと。これからは好きなときに好きな勉強をするんだ。好きな本もどんどん読んでやるぞと決意した。しかし、これは単なる勉強をしないという言い訳に過ぎなかった。おかげで一、二年の成績は惨憺《さんたん》たるもの。「優」（現在のA評価）なんて数えるほどしかなかった。

ところが三年時にはよく勉強した。やみくもにやったというのが実感。法学、特に刑法と刑事訴訟法。これらをそんなに勉強したからといって、何のメリットがあるわけではないが、不思議と充実感を感じるとともに、気持ちが落ち着くのがわかった。

このとき、私は初めて勉強することの楽しさや、その方法を理解したような気がする。楽しさとは、美味しいものを食べたいとか、眠いときに寝たいという欲望が充たされたときに感ずるそれと同じものだ。勉強したい、もっと知りたいという欲望もあり、それがかなえられたとき、気持ちがすっきりするのだ。高校の受験教育では絶対に会得できない世界である。これは教師になったとき大いに役に立った。

ところでＯ学園高校。大方の生徒は人柄も良く、生活面でも極めて真面目なのだが、こと勉強に関しては苦手意識を強く持っている。勉強しなければいけないと思っているのだが、なかなか実行が伴わないのである。

まず、勉強に集中できない。ついついほか事を考えたり、テレビや音楽の誘惑に負けてしまう。私は生徒によく言った。勉強は時間ではなく集中力の問題だと。集中するには頭の中からほか事を一切排除すること、そのためには諦めの気持ちが大切だと。

友達とおしゃべりしたいとか、テレビを見たいとか、カラオケで歌いたいとかの誘惑を一時諦めるのだ。そのためには自分の足を椅子の脚に縛りつけろ、明かりはデスクライトだけにして部屋の電気は消せ、マンガや音の出る機械は目に入らないところに隠せ、自分の身体を意思の奴隷にせよとまで言った。

そうして数学の一つの問題を三時間も四時間もかけて解けたときは快感だ。歴史の教科書を何回も何時間も繰り返し読んで、その大きな流れが理解できたときも同じく興奮する。その体験が大切なのだと。

さらに重要なのは、焦ってはいけないということ。焦ったら勉強に集中できなくなる。集中できないとさらに焦るという悪循環にはまる。それを抜け出す方法は一つしかない。何でもいいから、一つの教科を長時間、徹底してわかったという実感を得るまでやることだ。他の教科ができなくなるなんて気にしない。わかったという実感をもつまでやると、不思議と心が落ち着くのだ。この心の落ち着きが肝心なのだ。これがないまま各教科をあれこれ勉強しても、結局何一つやったことにはならない。一番いけないのは、各教科を時間で区切って、わかったという実感もないまま、他の教科の学習に移ることだ。

勉強するというのは本来楽しいことなのである。人間の過去のことについて、知らなかったことを知ったときの驚き、外国の人とコミュニケーションがとれたときの楽しさ、悪戦苦闘して数学の問題が解けたときの爽快感、勉強とは本来そういうものなのだ。残念ながら大学受験があるかぎり、高等学校の教育でそういう楽しさを実感させる授業をすることはなかなか難しい。

掃除

学校の掃除というのをやった覚えがほとんどない。いや、さぼっていたわけではなく、心を込めてやったことがないから記憶に残っていないのだろう。

一つ覚えているのは、高校三年時の同じクラスの目立たない女生徒が、三年間毎日人より早く登校して教室を掃除していたこと。卒業式に特別に表彰されたのを見て、初めてそのことを知った。へえー、この学校にこういう生徒もいるんだ、と感心した。

さて、O学園高校の掃除について語ろう。これには「普通掃除」「中掃除」「大掃除」の三種類がある。普通掃除というのは、毎日の放課後の机を寄せての掃き掃除。中掃除は、掃いた後、床を水拭きをするもの。大掃除は、水拭きをした後、さらにワックスをかける。中掃除と大掃除は隔週の木曜日にやる。服装は普通掃除の場合は制服のままでよいが、中掃除と大掃除のときは、当番全員が体育用のジャージに着替えて行う。

どこかの私学では、大掃除には割烹着に着替えてやっているところがあると聞いた。

これもその学校の伝統なのであろう。こういうことがあってもいいと思う。割烹着を着てモップを振り回している姿を想像すると、愛敬があって苦笑させられるけれど。

この掃除というのも教育の一環であるから、日常の普通掃除は事後に点検に行くだけだが、大掃除と中掃除は教師全員に担当の場所が割り当てられていて、直接生徒を指導する。

赴任したころは、なんでこんなことまで教師がと思ったものだが、いつごろからか、きちんと指導するようになった。といっても私が率先してやるということはほとんどなかった。「先生も一緒にやりゃー」とか、「なんで先生はやらんの」と生徒はブツブツ言っていたが、あくまでも私は指導監督。さぼっている生徒はいないか、全員が着替えてやっているか、部屋の隅々までちゃんと掃いているか、ゴミはだれが捨てに行くのかとか、いろいろ見ていなければならないことがたくさんあるのだ。

一年生の担任は、掃除のやり方を一から教えなければならない。ワックスがけから、それに使った雑巾の処理、ゴミ捨て場からワックスをもらう場所も、当番が一巡するまで教えなければならない。ここできちんと指導しておかないと、二、三年生になって、「一年時の担任はだれだ、きちんと指導したのか」ということになる。
二、三年生になると実に巧妙に手を抜くことを覚える。教室の前と後ろだけやって真ん中をはしょってしまう。ちょっと用事があってその場を離れ、戻ってみると、もう終わったと言う。どう考えても早すぎる。よく見ると、大掃除なのにワックスをかけていない。教室の片隅では当番の生徒がもう制服に着替え始めている。

そこで私、これを見逃したんでは示しがつかないとばかり大声で、「いかん、もう一度やり直しだ」と怒鳴る。生徒、プクーとふくれる。

しかし、こっちも絶対に引き下がらない。しばらくにらみ合い。生徒の方は、今日一回ぐらいは見逃してくれてもいいじゃんという顔。こっちはここで甘い顔するとこれから一年間……、という長期的視野で考えているのだ。

ジャージにしてもそうだ。大掃除や中掃除のとき、たまにこれに着替えていない生徒がいる。最初は穏やかに「着替えなさい」と言う。それでも無視されると、声を大きくする。生徒、「だって、今日は洗濯して持ってこなかったもん」と言い訳する。

「だめだ、言い訳は許さん。なんでもいいから着替えろ。お前だけ特別扱いはできん」と絶対に引き下がらない。

教師は一度口にしたことを曖昧にしてはいけない。他の生徒はそのなりゆきを逐一見ている。こっちはそれを十分意識して怒っているのだ。最後には自分の袋から取り出して着替えている。ちゃんと持っているのだ。そんなことは初めからお見通しである。こんなことを学年初めに二、三回繰り返すと、あとは楽になる。

　掃除をしている生徒の姿を見ていると、いろいろなことがわかってくる。例えば箒で掃く動作でも、丁寧に埃が立たないように掃く者もいれば、勢いよくはねちらかしているだけの生徒。また、雑巾で床をまあるく拭いている者もいる。しかも、腰を完全に落としている。わかりますか？その格好。こういう生徒には、全体重をかけてこうやって拭くのだと教えてやらねばならない。

　雑巾の絞り方でもいろいろだ。丸めてぎゅっと握りしめる者、バケツの中に雑巾だけを入れて指でつまんでゆすいでいる者。その手を見ると実に細くてきれいな指をしている。考えてみれば、今どき雑巾がけをする家庭なんてなくなった。ほとんどダスキンかクイックル。我が家もそうである。

　そうかと思えば、みんなが遊び半分でやっているとき、一人黙々と丁寧に雑巾がけをしている生徒もいる。家庭での躾《しつけ》なのだろう。こういうことは通知表には全然現れないが、多少の成績の良し悪しよりはるかに大切なことだと思う。

　ある年こんな生徒がいた。一年生から教師の間ではいろいろと話題になっていた生徒である。非行とまではいかない愚行が主で、校則違反とか授業中のおしゃべりぐらいはしても、大きなことはしない。よく叱られているうちに、生徒部長や校長とも変に慣れ

掃除をしている生徒の姿を見ていると、いろいろなことがわかってくる。例えば箒で掃く動作でも、丁寧に埃が立たないように掃く者もいれば、勢いよくはねちらかしているだけの生徒。また、雑巾で床をまあるく拭いている者もいる。しかも、腰を完全に落としている。わかりますか?その格好。こういう生徒には、全体重をかけてこうやって拭くのだと教えてやらねばならない。

雑巾の絞り方でもいろいろだ。丸めてぎゅっと握りしめる者、バケツの中に雑巾だけを入れて指でつまんでゆすいでいる者。その手を見ると実に細くてきれいな指をしている。考えてみれば、今どき雑巾がけをする家庭なんてなくなった。ほとんどダスキンかクイックル。我が家もそうである。

そうかと思えば、みんなが遊び半分でやっているとき、一人黙々と丁寧に雑巾がけをしている生徒もいる。家庭での躾《しつけ》なのだろう。こういうことは通知表には全然現れないが、多少の成績の良し悪しよりはるかに大切なことだと思う。

ある年こんな生徒がいた。一年生から教師の間ではいろいろと話題になっていた生徒である。非行とまではいかない愚行が主で、校則違反とか授業中のおしゃべりぐらいはしても、大きなことはしない。よく叱られているうちに、生徒部長や校長とも変に慣れ慣れしくなっていた。こういう生徒ってどこにでもいるのではないか。

三年で私が担任した。頭が悪いわけではないので学習面は問題ない。しかし、なにかとクラスの雰囲気を掻き乱す。掃除でもそうだった。よくさぼるのだ。最初は言葉で注意していたが、それでも改まらない。そして、夏休み中にさる有名女子大に自己推薦で合格が決まった。そうなるともう恐いものなしだ。二学期になってほとんど掃除をしなくなった。

どうしたものかといろいろ考えた末、ある日クラス生徒の前で、「このクラスに全然掃除をしない者がいる。私はやらないがみんなはやっておけということだ。俺はこういうのは許せんと思うのだが、みんなはどう思うか」と言った。その生徒だけを相手に叱っていても埒《らち》があかないとき、こういう手を使うのだ。だれがとは言わなかったが、生徒たちにはわかっている。

とその生徒、席を立ってピューッと教室を飛び出していった。そしてあろうことか、校長室に駆け込んで、泣きながら担任からこんなことを言われましたと訴えたのだ。校長は「よしよしわかった、担任にはよく言っておくから今日は帰りなさい」とかなんとか、一七、八歳の生徒にまんまと騙されたものだ。若い女性に泣かれるとつい男は何歳になっても甘くなっちゃうのだ。

その生徒は笑いながら帰って行った。そして二、三日欠席したが、私はほうっておいた。四日目にきまり悪そうに登校してきた。それからは最後まで掃除をやるようになった。驚いたことに、それ以降、卒業するまで他の生徒も掃除をさぼらなくなった。

保護者懇談会

まず、私の高校生時代のことから。ふつう保護者懇談会というと担任教師と生徒と保護者の三者を思い浮かべる。それが当然だ。ところが、私の出身高校はそうではなく、担任と保護者だけの懇談が主だったように記憶している。だから担任と母親が何を話し合ったかほとんど知らない。

その日、学校から帰ると私の机の上に通知表が載っている。母は何も言わない。言わないのがまたけっこうこたえた。要するに通知表を生徒に渡さずに親に直接渡したかったのだろう。卑劣なやり方である。あの学校のやることは一から十までこんな調子であった。

O学園高校の懇談会は七月と十二月、二回は必ず行う。そして、原則三者面談である。グループ懇というのを二、三回やったことがあるが、親はやっぱり我が子のことについて語ってほしいとわかってやめた。

まず日程だが、懇談会に予定された日は通常三〜四日。今は一クラス四十人未満で余裕だが、昔は六十五人以上のときもあって大変だった。一日十七、八人、いくら大勢であっても相手は一回きり、手を抜くわけにはいかない。が、こっちは朝から夕方まで座りっぱなしのしゃべりっぱなし。しかも大体が同じ話の繰り返しである。

その日の最初とあとの方では、丁寧さにおいて違ってくるのはどうしようもない。最後には頭がくらくらしてくる。座っているズボンの尻はじっとりと湿っている。あと三人、あと二人と心の中でつぶやきながら頑張るのだ。最後はこれで終わりとばかり、少し丁寧になる。

時間はだいたい一人十五〜二十分で、保護者の希望をもとに分刻みの予定表を作って進めるのだが、どうしても遅れがちになる。あるとき、予定より三十分近くも遅れたか、父親が現れた。と、開口一番「ワシは会社を早引きして来たんだ。何時間待たせるのか」と怒り心頭。こっちだって一生懸命……と言いたいところだが、ぐっとこらえて「申し訳ありません」と謝るしかない。で、成績の話になって「この赤点はいけませんねえ」と言うと、今度は形勢逆転、「はあ」と言って小さくなってしまった。

この懇談会で一番難しいのが、時間通りに保護者の腰をどう上げさせるかだ。こっちは時計を睨みながら、言うべきことは言った。聞くべきことも聞いた。さてそろそろと思っても、保護者はなかなか腰を上げてくれない。「はい、時間です」とか、「次の方」と言うわけにもいかない。「まあ、そういうことで、むにゃむにゃ……」でたいていは察してくれるのだが、そうはいかない親もいて苦労する。この点は生徒の方がわかりがいい。親の袖を引っ張って「お母さん！」なんて促している。

話す内容はまず成績のこと、次に生活態度のこと、そして最後は進路の件だ。二年生なら修学旅行も話題になる。成績の良い生徒は話も楽、「体育だけが苦手のようですね」とか、「このまま努力を続けていけば、希望の大学へは間違いないでしょう」と余裕をもって接することができる。逆の生徒には「むむ、いかんですなあ」「ちょっと、このままでは……」と言いつつ、「ご家庭の方でも、なんとか……」と無駄とわかっていても言ってみる。

赤点ばかりの生徒だと、「あといくつ赤点を取ると、原級留め置き（留年）になりますよ」と、ここははっきり言っておかなければならない。曖昧に言うとあとで逆ねじを食らう。

生活についても同じ。品行方正、無遅刻、無欠席の生徒には、「いやもう、何にも心配することはありません」で終わってしまう。あとはとりとめのないことをしゃべっていればいい。ところがそうでない生徒だと「なんとか朝早く起きるよう、ご家庭でも協力してください」「ちょっと学業以外の方に関心が行っているようですね」と婉曲に言わなければならない。ストレートに言い過ぎると親を怒らせることがあるからだ。高校生くらいになると、親に頼んでもほとんど効果はないと知りつつ、言ってはみるのである。言われた親の額からは汗が吹き出している。

進路については、女子高の場合推薦希望が多いので話は具体的になる。二年生の段階から評定平均値が出され、この成績だとこの大学へは可能性があるとか、まったく無理ですとか言えるのである。ベテランになるとほとんどの大学の要求する成績基準が頭に入っているので話は早い。

懇談会にはたいていは母親が来る。父親が来るのは十人に一人ぐらいか。一般的に言って、父親と何でも話ができる関係にある女生徒は、精神的に落ち着いているように思う。

母と子はまったくよく似ている。違うのは若さと老いだ。歳をとるということはこういうことなのかと不謹慎なことを考える。いかんと思ってもいやでも目についてしまう。

その親子が私たちの前で派手に喧嘩することがままある。「東京の大学を受けてもいいと言ったじゃん」「そんなこと言っとらん」とか、「それみやあ、あんなに遅刻するよと言ったのに」「起こしてくれんからだわー」と。そんなこと家でやってくれと私。

私は事前に生徒に「親子で意見が違ったら、俺は親の味方になるからな」と言っておく。親の意見がどんなに非常識、不見識であっても、親は保護者だからだ。

かの東京の大学に行きたいと言った生徒、その場では親に「受けさせてやりなさい」と言い、あとで電話で「受験の手続きから宿泊予約まで全部自分でやらせなさい」とアドバイスした。結局、受けに行かなかった。

懇談会の全ての日程が終わって、近くの居酒屋で同僚と飲む生ビールの最初の一口の美味しいこと！

叱る

人を教え育てるとき、褒《ほ》めて育てる方が良いか、叱って育てる方が良いか。そんなことはだれでもわかっている。前者の方が良いに決まっている。とわかっていても、実際はなかなかそうはいかない。自分の子どもでもそうだったが、他人の、それも多数の生徒たちを相手にした場合、叱る方が圧倒的に多いのである。

教師現役のころ、私は実によく生徒を叱った。まず朝一番、S・T（授業の前十五分間、ショートタイムといって生徒の出欠をとり、今日一日の連絡をしたり、スピーチ、読書をさせたりもする）は、「うるさーい、静かにせんか！」で始まる。私の挨拶代わりのようなものだ。

あんまりうるさいので、生徒の気を引こうとして、教卓の上に置いてある木でできた座席盤をガンガン叩いていた。何日かやっているうちに壊れてしまった。そしたら、ある生徒が木槌を持ってきてくれた。こいつは長く使った。おしゃべりがひどいとき、これをガンガン叩いて黙らせるのだ。Ｓ・Ｔばかりでなく、今でも記念に持っている。

　女生徒は実によくしゃべる。授業、集会、遠足や修学旅行のバスの中、ところかまわずだ。なかでも、一番頭にくるのは授業中のおしゃべり。わからないと思っているのだろうが、ボソボソやられるとこっちにとってはハエがうるさくつきまとっているような感じ。「こらっ。そこの二人、前へ出てきなさい。離れて立っとれ！」と何度やったことか。

　一九六四年六月、教師になって最初の修学旅行引率でのこと。当時一クラス六十人以上、一台のバスに全員が乗りきれない。はみ出した生徒だけを集めた混合車というのが設けられ、そのバスを任された。生徒は各クラスからの寄せ集め、教師は新米である。バスガイドさんの話なんて全然聴いてやしない。おしゃべりばかりでなく、お菓子は食べる、歌はうたいだすで、こういうのを傍若無人と言うのだろう。バスガイドさんは私たち教師のように叱ることができない。

　二日目に切れた。「お前ら、うるさい！　静かにせんか！」と怒鳴りあげた。四月に赴任以来、本気に叱った最初である。それまで丁寧な言葉で授業をやったり注意をしていたが、これで吹っ切れた。以来自分の言葉でやるようになった。

よく叱ったのは、授業の冒頭で前の授業でやったところを質問するとき。「それは何年か？」とか「その名前は？」という記憶を試す質問はしない。普通に授業を聞いていたら当然答えられる内容の質問をする。

例えば「紀元前十七世紀、ヒッタイト人が強力な国家を建設したのは何故か？」とか「ミュンヘン会談でイギリス首相はどのような態度をとったか？」というような質問をする。前者は「鉄」、後者は「宥和政策」という言葉が返ってくれば、まあ許す。ところが、その授業を聞いていない生徒は答えられない。こういう場合、何もしないで、「では、他にわかる人は？」とやってその生徒を無罪放免にするとあとあと良くないのである。

ある国語のベテラン教師など、大きな声で叱ることはしないが、答えるまでネチネチと締め上げ、生徒から恐れられた人もいた。生徒はこういう先生を本当に恐いと思うらしい。

私にはそんなことはできない。手に持った指し棒で手の甲をピシリとやったり、十分程度机の脇に立たせたりした。ネチネチやっていると授業がまったく進まないのだ。しかし、どちらにしても教師としての熱意と実力があれば、どんなに厳しく叱っても生徒は理解する。

校則違反とか遅刻の常習者もよく叱ったが、これはおしゃべりや質問に答えられないのと違って、頭にくることはない。この頭にくるこないは叱る態度に表れる。頭にきていないと迫力がない。生徒は確実に見抜くのである。

叱るときの要点は、「即叱る」ことと、「時間は短く」ということであろう。生徒が「しまった」と自覚しているときに間髪を入れずに浴びせるのが一番効き目がある。

ともあれ、叱ることは多大なエネルギーを必要とする。疲れるのである。それでも叱るのは教師としての気力があるからだと思う。叱らなくなったら教師はおしまいである。

私の高校時代の世界史の教師など、生徒がおしゃべりしていようが何をしていようが、委細かまわずボソボソとしゃべって、チャイムが鳴ると話の途中でも終わりという授業だった。こんなの教師じゃない。

校則と流行

花の女子高校生。彼女たちは、何もしなくても人生でもっとも美しい年ごろである。そんな素顔をまぶしく感じるのは教師たちだけで、彼女たち自身はさらに美しく、可愛く見られたいと思うのか、その探求心と努力は、それはそれは涙ぐましいものがある。何度注意されても、何度叱られても、懲りもせずいろいろやってくれるのである。

彼女たちはその時々の流行に非常に敏感で、それを自分のものにするテクニックは大したもの。その探求心のほんの少しでも学習面に向けたら親も喜ぶだろうに、と考えるのは老婆心というものか。

日本の多くの高校には制服を中心として、髪型、ソックス、靴、持ち物にいたるまで大なり小なり決まりがある。O学園高校もかなり細かく決められており、しかも厳格に指導をしている。それでも生徒たちはそれをかいくぐって何とか流行を取り入れ、少しでも可愛く見られたいと、あの手この手で私たちを手こずらせるのである。

それはある意味、狐と狸の化かし合い、あるいはもぐらたたきに似ているかもしれません。具体的に見てみよう。

まず、何といってもスカート丈だ。規則では膝が隠れる程度となっているが、四十一年間勤めていて、それが満足に守られたことはほとんどないと言ったら言い過ぎか。あるときは長かったり、またあるときは短かったりと激しく変化してきた。長いときは裾が地につくぐらいのロングで、これを風になびかせて走る姿は、絵本に出てくる魔女を連想させた。

生徒部にいたころ、私はこのスカートの裾をよく切らせた。それでもすぐ長いのをはいてくる。切っても切っても長くなる「魔法のスカート」と私たちは呼んだものだ。一時職員室の私の机の引き出しの一つは、その切れ端でいっぱいだったことがある。

またあるときはミニスカートだ。ベルトのあたりで丸めてたくし上げていて、朝校門を入るときとか教室での検査のときは、それを伸ばしてすり抜ける。しかし、いったん外へ出るとまたミニだ。その彼女たちの足の格好いいこと。そしてミニスカートが似合うからまたしゃくにさわる。しかし、地下鉄の階段など危なくて仕方がない。それでも栄地下街で見かける他校生のミニに比べたら、O学園高校の生徒はまだ良識の範囲内だ。

次に苦労したのは頭髪。昔はパーマとカールがよく問題となった。特に男性教師にはカールしているのかいないのかほとんどわからない。さらにここを少し切ってこいなんて言うと、それこそ柳眉を逆立てて、「絶対いや」とくる。お手上げである。

最近は茶髪だ。この茶髪という言葉、今は市民権を得たが、最初聞いたときは笑ってしまった。この言葉、当時のどの国語辞典にも載っていなかった。

一見したぐらいでは生まれつきの色なのか染めているのか、また脱色しただけなのかわからない。ドライヤーをかけ過ぎたらこうなっちゃったなんて言われたら、どう指導したらいいのか。まさか、黒に染めてこいとも言えないし、継続指導と称して時間をかけるしかない。

教職最後のころは図書館の仕事をやっていて、図書委員の生徒と接することが多かった。大体本好きの生徒は、服装やスタイルには無頓着な者が多いが、そのときの図書委員長もそうだった。ところがその生徒、卒業した直後に完璧な茶髪にして学校に現れた。どうしたと聞いたら、「在学中、やってみたくてしようがなかった」とのたまった。この茶髪指導で難しいのは、彼女たちの母親がほとんど茶髪であることだ。これでは親の協力をといっても無理な話だ。

靴は学校指定なのだから、流行の取り入れようがないなんてのは認識が甘い。私が赴任したてのころだったか、世間では悪魔の爪のような先のとがった靴が流行していた。そしたら見よ、あのコロッケのような形をした本校指定の靴の先がとがってきたではないか。細工したのか特別に注文したのか知らないが、かなりの生徒がそんなのを履いていた。

ソックスもいろいろ変わった。決まりは足首が隠れる程度に三つ折りなのだが、膝近くまでたくし上げてみたり、くるぶしのところで丸めてみたり、象の足のようなルーズソックスも流行ったが、学校指定となって落ち着いた。

一番驚いたのはガングロというヤツ。顔を真っ黒に焼くのである。顔ばかりでなくおそらく体全体も同じなのであろうが、見たわけではない。エステで焼くときに目の周りだけ保護するものだから、まるで狸みたいになる。本人たちは海やプールで焼いたとうそぶいていたが、「ウソこけ、馬鹿もん」と言う以外どうしようもなかった。

学校中でほんの数人しかいなかったが、よく目立った。本人たちはそれが可愛いというか目立ちたいと思ってやっているのだろう。普通は色白を強調したい年ごろなのに、その心はわからない。しかし、ある意味では勇気があったと言えるかも。

それに対して、私たち教師も飽きもせず懲りもせずよくやってきたなあと、しみじみと振り返っている。これを読まれた卒業生の皆さん、ご自分の高校生時代はどうでしたか。また校則をどのように考えていたのでしょう。やっぱり厳しいなと反発していたのでしょうか。

この校則の指導の難しさは、一度指導をルーズにすると果てしなく崩れていく側面を持っていること。崩れるのは簡単で早いが、それを元に戻すには数倍の時間とエネルギーが要《い》る。それでも救われたのは、いつの時代もO学園高校のホワイトツーラインのセーラー服を嫌いという生徒はいなかったこと、そしてほとんどの生徒は校則をきちんと守ってくれたことである。

教師は生徒に支えられる

教師だって生身の人間、ちょっとしたことで落ち込むことはしょっちゅうある。クラスの運営がどうもうまくいかない。一生懸命やっているのに授業に生徒が全然乗ってこない。些細なことで生徒と行き違って不評を買う。自分が生徒に嫌われているとか、信頼されていないと感じるとき、教師は落ち込む。

そんなとき、立ち直る基本は初心に返ることしかない。そして好かれようとかもてようとか考えずに、授業を精確に誠実にわかりやすく地道に一生懸命やることである。

しかし、生徒のちょっとした言葉や行動に救われることもまた多い。例えば、授業がうまくいっていないとき、一人の生徒が「先生、ちょっとここ教えて」と普通に質問してくれるとホッとする。あるいは、クラスの生徒となんとなくぎくしゃくしているとき、ふだん通りに、「先生、おはよう」と元気よく挨拶されるとどんなに救われることか。教師なんてそんなものなのだ。

ある年の修学旅行での体験。引率はもう五、六回目ぐらいで、何もかもわかったような気でいた。しかし実際には、わかったかのように錯覚するころなのであった。あとで考えると、そうであった。

私は修学旅行団の全体の指揮を任されていた。指揮というのはクラス担任を持ちながら、全生徒の行動に目を配り、予定を伝えたり、注意をしたりと的確に指示する役である。張り切っていた。いや張り切り過ぎた。こういうときは必ず失敗するが、そのときはまだ気がついていない。

何回か指揮をやっていると、全体を規律正しく予定通り動かすコツみたいなものがわかってくる。その一つが、出発してなるべく早い段階で生徒を叱ること。それも全生徒が見ている前で。

例えば、旅館での最初の夕食。事前に時間と場所は徹底してあるのに遅れてくる生徒がいる。その生徒はあわてて空いている席を見つけて座ろうとする。「待て待て」と私。「ちょっとこっちへ来なさい」と全員にわかるようにして廊下に並ばせる。そして十五分の正座（これ、今では体罰になるのかなあ）。

これで、そのあと全員が集合時間を守るというものだ。そのとき、ことさらに私は自分のクラスの生徒をやり玉にあげた。他のクラスだと担任によってはあとで逆ねじをくらうこともあるからだ。

ところが、それがいけなかった。最初からクラスの生徒との間に小さな溝ができてしまった。さらに、もう一つ別の件で自分のクラスの生徒を叱った。溝はさらに大きくなり、四日目にはどうにもならなくなった。私は落ち込んだが、しかたがない。もう自動的に予定をこなしていくしかない、と腹をくくった。

五日目、長崎自主研修のとき、グラバー園のテラスで私は一人、ぼーっと海を見ていた。そこへクラスのあまり目立たない生徒が近寄ってきて、「先生、写真を一緒に撮って」と言った。その一言で、私はまだ担任として認められているのだなと実感し気持ちが晴れた。

学校での生徒との毎日は、朝のS・T《ショートタイム》から始まる。そこではその日の予定や注意事項を伝達する。担任によってはそれ以外に話をしたり、生徒に三分間スピーチをやらせたりして、短い時間であるがそれぞれ工夫をこらして有意義に使っている。私は元来無愛想であり、特に朝はいけない。いつもムスッとして必要事項だけを伝えて「はい、終わり」だ。

S・Kという生徒はそんな私を見透かしたように、毎朝私の言葉尻を捕まえたり、顔色を見ては茶々を入れてくる。「先生、今日奥さんと喧嘩してきたでしょう」とか、「今日のネクタイいいよ」とか他愛ないことばかり。初めはうるさいので無視しようとしたが、懲《こ》りずに毎日やってくる。しかたがないから私も反応するしかない。とうとう、クラス全体が毎朝それを楽しむようになった。笑いの絶えない良いクラスになった。そうなったのは私の教師としての力量ではない。S・Kという生徒の屈託のない毎朝の笑顔と茶々のおかげである。そうなんです。四十一年間、多くの生徒に支えられました。

非行

非行。『広辞苑』には「道義にはずれた行い」とある。要するに、人の道に外れた行いという意味であろう。

私自身の高校時代は、まったくこういうこととは無縁だった。いわゆる真面目な高校生だった。生来気が小さいことに加えて、受験勉強に追いまくられていたので、非行に走ることなんて考えもしなかった。

ここでは恥を忍んでO学園高校の生徒たちの非行について記す。最初に断っておくが、O学園高校は非行の少なさにおいては、県下でも有数の学校と自負している。それでも長いこと教師やっていると、生徒は実に様々のことをやってくれる。非行がゼロなんて学校は、いまどき存在しない。

その女子高生の非行というと、不純異性交遊、万引き、いじめ、深夜徘徊といったものが多い。その中でも、特に夏休みに多い不純異性交遊について記してみよう。

不純異性交遊というのは、実に言い得て妙な言葉だが、成人なら恋愛でなんの問題もない。が、未成年の高校生とあっては、事情によっては学校として見過ごすわけにはいかない。これ、事実を見極めることがなかなか難しい。実際はこれだけが単独で発覚するわけではない。家出、深夜徘徊、無断外泊などとからんで露見する。

生物学的には子孫保存本能のなせる業《わざ》であり、文学者にとっては人間の本質をえぐる恰好のテーマである。古今、人間だけの悩ましい業《ごう》みたいなものなのだろう。特に年若き男女にとっては逃れられぬ呪縛のようなものか。

担任として、私は何人もそういう生徒を見てきたが、忘れられない一人の生徒について書く。両親とも高い学歴と、それなりの社会的地位にある方で、申し分のない家庭。二年で担任し、すぐクラスの中心になる生徒であることがわかった。物おじすることなく、自分の考えをはっきり述べる個性的な生徒である。私は彼女にクラス委員長をやらせた。一学期は立派にその責任を果たした。担任としてはこういう生徒に恵まれると、クラス運営がほんとうにやりやすくなる。安心しきっていた。

ところが、夏休みが終わって二学期の十月ごろから、ちょくちょく学校を休み始めた。最初は母親から欠席するとの連絡があったので、気にも留めなかった。十二月ごろだったか、母親が学校にやってきた。二、三日家に帰ってこない、どうも若い男と一緒に泊まり歩いているらしいという。

　その後、家庭訪問をして、本人を交えて何回か話し合いをもった。マンションの三階の部屋で話をしているときも、男が下に来ていて大声で名前を呼ぶのだから嫌になる。

　このころになると目に落ち着きがなくなり、言葉も投げやり。親の詰問や私の説得にも、まともに応えようとはしない。三学期に入ってまったく学校に来なくなった。当然家にもいない。

　そして、再度家庭を訪ねて一番言いにくいことを切り出した。私学の置かれている厳しい側面を説明し、「退学してもらえませんか」と。しばらく沈黙があったあと、父親は同じ教育者として理解してくれたが、母親はそうはいかなかった。それまで私の良き理解者であっただけに、この私の言葉には不満そうであった。それでも、学年末には退学届を出してくれた。苦い思い出として残っている。

　こういう不純異性交遊の指導は難しい。本人はそのことについて悪いことをしたという自覚がない場合が多いからだ。ここが万引きとか喫煙と違うところで、この生徒のように学校に出てこなくなるとどうしようもないが、そのことだけでいきなり処罰というわけにはいかない。本人を中心に気長に話しあってゆくしか方法はない。

私が教師になりたてのころ、非行生徒の処罰をめぐって、大きな事件も小さな事例も全て全教師出席の職員会議で議論した。特に一人の生徒を退学処分にするかしないかという事例では、大いに議論が戦わされた。概して高齢教師の厳しい意見に対して、若手や中堅教師は柔軟に対処しようというものである。

処罰について、高齢の体育のM教諭、家庭科のK教諭が中心だったと思うが、二言目には「この生徒を退学にしないと、私らのおまんまが食えなくなる」と言うのである。

私学は生徒が集まらなければ始まらないのは、昔も今も同じ。ここでこういう生徒を学校に置いておくと学校の評判が落ちる。評判が落ちれば生徒が集まらなくなる。生徒が集まらなければ自分たちの給料がもらえなくなる。すると私たちの生活……すなわち、おまんまが食えなくなる、と実に単純な論理である。

それに対して若手や中堅の教師は批判的で「それはもう教育ではない。もう一回面倒を見てやろうではないか」というようなことを言って、侃々諤々《かんかんがくがく》やり合ったのを私たち新米教師は感心して聞いていた。ことは一人、二人の非行生徒の処罰の問題であったが、こういう議論を通して、私たち若手教師は、教育のなんたるかについて多くのことを学んだものである。

今は非行事例の大半は各学年で議論し、その処罰や指導方法を決定する。過去の事例がたくさんあって、その指導については大体決まっている。それに退学という処罰は実質なくなった。

十六歳から十八歳という、人生で最も多感な時期。様々な誘惑に打ち勝って、生徒たちが無事に三年間を乗り切ってくれることを祈るばかりである。

生徒の教育力

教師の教育力とか指導力がときに問題にされる。ところで、〝生徒の教育力〟というのはわかるだろうか。家庭の教育力、地域の教育力、年寄りの教育力……といろいろあるが、生徒にも教育力があるのである。

教育とは何かということとも関連するが、教育を単に知識を教えるということだけに矮小化して考えるのでなく、未熟な人間を強く賢く立派な大人に育てるという壮大な営みとらえるならば、それは教師だけのものではなく、教えられる立場の生徒もその力をもっていると私は思う。〝思う〟という主観的なものではなく、長年の教師生活の中で実際にこの目でいくつも見てきたのである。

一つ目は教育実習に関連して。毎年O学園高校でも、かなりの人数の実習生を受け入れる。全員本校の卒業生である。その実習生は、A大学法学部生で、社会科の教師免許を取得するために実習に来た。私が指導教官となったのだが、最初から斜に構えていた。あとから聞いたのだが、実は彼女、本校に生徒として在学中から学校に対して良い印象を持っていなかった。公立高校の受験に失敗して、やむなく三年間通っただけで、心の中では自分の学校を軽蔑さえしていたという。大学へ入ってからは努めて忘れようとしていたそうだ。担当した私にも、そんな様子はなんとなくわかった。

ところが二週間の実習でそれが劇的に変わったのだ。最初の一週間は見学実習が中心だが、担任の業務は三日目ぐらいから経験させた。ここから生徒との接触が始まる。二、三日もすると、生徒が「先生」「先生」と言って昼休みとか放課後、実習生の控え室に押しかけるようになる。私たちより年齢が近いだけに話しやすいのだろう。

教科実習になると、本校の生徒はその素晴らしさをいかんなく発揮する。未熟な実習生の授業に温かく協力するのだ。ふだん私たちの質問には答えようともしない生徒が、手を挙げる。また予定の範囲を終わってしまって、何もすることがなくなったとみると、すかさず「先生、受験勉強はどうやって乗り切ったの？」とか、「大学のことを聞かせて」と言って助け船を出すのだ。私の高校時代、実習生に極めて意地の悪い態度で接したのとは大違い。

そして、二週間の実習を終えたとき、かの実習生、生徒から大きな花束をもらって大泣き。「未熟な私を先生として接してくれて感動しました。私の考えは間違っていたようです。こんな良い生徒、良い学校とは思ってもいませんでした。今はほんとうに感謝しています」と私に話してくれた。

二つ目は、ずいぶん昔のことだが、非行で停学の処罰を受けた生徒に対して示したクラスの生徒たちの行動である。

二年生といえば、身体はいっぱしの大人、心はまだまだ世間知らずの半分子ども。勉強には身が入らず、遊ぶことが大好き、異性に対して強い関心をもつ生徒も出てくる。

その子は、教師から見て扱いやすい生徒ではなかった。クラス生徒の間でも浮いていた。私も学年の最初から危ないなと思っていた。案の定、夏休みが明けて、九月の中ごろから学校に来なくなった。家庭訪問すると母親が途方に暮れていた。三日前から家を出て行ったきり帰ってこない、連絡もないとのこと。

その後二、三日して疲れきった顔して帰ってきたはいいが、当然学校としてはそのままではすまされない。二週間ぐらいの停学処分となった。

ところが、この間のクラスの生徒たちの行動が素晴らしい。L・T（ロングタイムといって、週一時間の特別教育活動の時間のこと）でだれともなしに「なんとかしてやろう」ということになった。そして、停学期間中の授業のノートは交代で取る、家へ励ましの電話をかける、またある者は手紙を書くというようにみんなが動いた。

ビックリしたのは当の本人だった。自分のことなどだれもかまってくれないと思っていたのが大間違いと気づいた。謹慎が解けて、登校した最初こそぎこちなかったが、ものの二、三日で自然に仲間に入ったようだ。この生徒、あとの一年数カ月を無事に過ごして某短大へ進学していった。こういう点での、O学園高校の生徒の思いやりは素晴らしい。

三つ目は、個別の生徒ということではなく、生徒全体の教育力である。

その一番は授業を受ける態度。これがまた素晴らしい。O学園高校は授業が普通に成り立つ学校というのは前にも記したが、そうなったのはなぜか。教師の力がそうさせるというよりは、生徒の力に寄るところが大きいのである。

ほんの少数だが、授業規律を乱す生徒は当然いる。私語、ほか事、あるいは反抗的態度といろいろあるが、ほとんどの生徒は真面目に授業を受けたいと思っている。そういう多くの生徒の力を利用し、少数の生徒を包み込んでしまうのだ。すると、それらの生徒の言動が浮いてしまい、我々教師は大きな声を張り上げなくてもすむのである。

同じことは、服装その他の校則を守らせることでも言える。多数の生徒がきちんとした服装をしていれば、少数の違反者の指導は比較的容易である。服装、持ち物などでの指導を受けたときの彼女たちの言い分は、「みんなもやっている。みんなも持っている」に尽きる。ところが、そういう言い訳が通用しないという状況を学校内に作ればよいのである。

O学園高校の大方の生徒は、ホワイトツーラインのセーラー服をきちんと着こなし、胸を張って登校してくる。街中ではともかく、校内ではそうした生徒が一部の乱れた生徒を圧倒してしまうのである。ふだん、我々教師も気がつかないけれど、ここにも〝生徒の教育力〟が働いている。かく言う私も、教師として多少なりとも成長できたのは生徒の力によるものと心から思っている。

ピア・プレッシャー

「ピア」とは、英語で仲間とか同世代という意味で、直訳すれば「仲間の圧力」とでもなるか。我々大人の目から見ると、なんの根拠もなく荒唐無稽、非常識と思えるようなことが、若者のあいだ（あるいはそのグループ）だけの常識として、それが圧力となって個人の行動を規制することを言った言葉である。

そこには、個性もなければ自己主張もない。ただただ、仲間はずれになりたくない、みんなの輪の中にいたいというだけのことからの行動規制である。

例えば、かつて流行していた女子高生のルーズソックス。大人の私たちから見たら、どう見ても不格好としか映らない。まるで象の足のように見える。それが彼女たちの世界では、〝格好いい〟となる。

そういう格好をしないと仲間に入れてもらえない。学校で決められた普通のソックスをはいているヤツなんか「ダサーイ」となる。「遅れてるぅ」「なにぃ、いい子ぶって」となる。Ｏ学園高校の生徒はまじめでおとなしいイメージだから、他校の生徒から、それだけで馬鹿にされたのではないだろうか。

ピア・プレッシャーは、特に女子高生の持ち物、服装、言葉遣いなど、あらゆるところで彼女たちの行動を規制する。ルーズソックスはもう過去のものになったが、最近では何だろうか。この「遅れてるぅ」とか「ダサーイ」と見られるのが、場合によっては決定的なのだ。持ち物や服装、言葉ぐらいにならまだいいが、その究極が異性との性行為だとしたら、皆さんはどう思われるか。

ここで、次の詩を読んでみてほしい。

仲間の圧力にだまされるな
　あなたを滅ぼすかもしれないから
仲間に追従ばかりするな
　あなたは傷つくかもしれないから
自分の本心に従いなさい
　心はあなたを立て直してくれる

自分の本性に従いなさい
　本性はあなたを癒やしてくれる
自分の意見を持ちなさい
　あなたを強くしてくれる
自分の心を持ちなさい
　あなたに幸福をもってくる
自分の信条を持ちなさい
　信条はあなたに独自性を与える
自分を信じなさい
　自分自身になりなさい
変えてはいけません
　隠してはいけません
自分自身に真実をつくしなさい
　あなたの夢は実現するでしょう
勇敢であれ　強くあれ
　いつも意見をもちなさい

この詩は、アーリン・アルメニアンという十四歳の少女が書いた『三つの季節』という詩集の中の一篇である。生徒部長をやっていたとき、当時の理事長が、何かの機会に使ってくださいと言って置いていったのがこの詩集だった。

彼女は、一九七八年ベーレン（レバノン）に生まれ、八歳のときから詩を書き始めた。初等教育を、レバノンの首都ベイルートのジェマラン・アルメニアスクールで受け、一九八六年に家族と共にアメリカ、メリーランド州ヴォルチモアに移住した。一九八八年に白血病にかかり、九三年合併症で亡くなった。享年十五歳であった。

まったく環境の異なる世界で生きた一人の少女の詩が、日本の高校生にこんなにもぴったりすることに驚いた。私はこの詩を、その年の「生徒部だより」に載せた。

夏休み

夏休み、これがあるから教師はやめられない、とは私の三十代までの本音。退職間際のころは、教師の勤務に対して世間の目が厳しくなり、校長の方針もあって夏休みは研修期間であって、休みではないということになった。でどうなったか……。あとで述べる。

教師になりたてのころ、夏休みというと生徒より教師である自分の方がより心待ちにしていたものである。七月に入ると一学期の期末試験、その採点、成績処理、保護者懇談会、終業式と続くが、その間授業がないので気分は半分夏休み。

そして七月二十一日、待ちに待った本当の夏休み。すぐに一年生全員の臨海学校の引率である。三重県の二見浦の旅館を借り切っての二泊三日の水泳訓練。野球と水泳が飯より好きな私は張り切ったものだ。しかし、赴任して三年ぐらいでこの行事は取りやめとなった。三重県の中学校だったか、水泳訓練中に引き潮にさらわれた生徒が死亡し、裁判で学校が敗訴したからだった。

臨海学校が終わると二、三日して今度は夏山集団登山の引率である。立山、御嶽山、唐松岳、富士山といろいろ行き先を変えて毎年登っていた。これは二、三年生だけを対象に、五十人くらいを募集して連れて行った。この登山では生徒の真の姿を見ることができて、教師としていろいろなことを学んだ。日ごろ、学校内では教師を困らせてばかりいる生徒が、遅れがちな生徒の荷物を率先して持ってやったり、世話をやいたりするのだ。

それが終わるとやっと私の夏休みだ。後年のような研修届とか、旅行したときの連絡先の届などは一切なし。八月一日と二十一日（この日は給料日）の生徒出校日には必ず出校するが、あとはまったく自由であった。

山に登ったり、旅行に出かけたり、本もまとめてよく読んだ。二十日過ぎになると、二学期の準備に取りかかるというのは気持ちだけ。それでも、九月いっぱいくらいの授業の教材研究はやった。

あのころ、夏休みに出校していたのは、一部の部活動の顧問と補習を担当する教師くらい。八月に入ると校内は閑散としたものだった。

さて、生徒はどこで何をしているやら。大半は家でテレビを見ながらゴロゴロしていたのだろう。中には元気のいい生徒がいて、夜中に彼氏のオートバイの後ろにまたがり、ひっくり返って大怪我をした者もいた。担任の私に電話してきたのだが、自分の顔の怪我より、学校の処罰を心配していたのには驚いた。

特に二年生がこの夏休みをどう過ごすかが、彼女たちにとって人生の分かれ目と言ったら大げさすぎるか。女子校のぬるま湯的生活にどっぷり浸かって一年半、高校の生活にもようやく慣れてきたころの夏休みだ。身体は十分に大人、回りはカラオケ、ゲームセンター、遊園地と彼女たちを誘惑するものはいっぱいある。そんな中で計画を立てて勉強し、規則正しい生活をせよという方が無理かも知れない。

だから、多少とも勉強して、普通に過ごして二学期を迎えられればまあ大丈夫。四十日間、羽ばかり伸ばした生徒は大変だ。すっかり怠け癖がついてしまって、勉強どころでなくなる。九月に学校が始まるとすぐ学校祭がやってくる。そういう生徒に限ってまた張り切るから、さらに勉強どころではない。学校祭が終わるとすぐ中間試験。当然焦る。焦ったら集中できない、という悪循環にはまっていく。

そんな夏休みも、定年間際のころには大きく変わった。校長の方針で夏休みも遊ばせるなとばかり、四十日間の半分以上はほんどの生徒を出校させるようになった。

進学補習、学力補充学習、部活動とほぼ強制に近いかたちで出校させた。当然、教師も出校しなければならない。自宅研修は基本的には認められなくなった。学校が昔のように閑散となるのはお盆の一週間くらいのもの。

生徒や親にとってはこの方が良いに違いないが、昔ながらの感覚を引きずっている身には、かなり苦痛であったと正直に告白する。

試験

私の高校時代には年に十一回大きな試験があった。二期制の学校なので定期試験は四回、その他に実力試験が七回あった。先生は月に一回は試験があると覚悟せよ言ったものだ。そして、定期試験より実力試験の方が断然重視されていた。

実力試験では上位者五十名くらいの名前が廊下に張り出された。私は三年間一回も載ったことがない。試験の形式は当時の国立大学の入試と同じ。一年の最初の実力試験の数学の問題に、その年の名古屋大学の入試問題が出てびっくりした。

試験が終わって、気を抜くことができたのは三日間くらいだけ。その間は映画ばかり見に行った。一日に三つの映画館を回ったこともある。

そのあと、また次の試験に向けて味気ない勉強が待っている。試験、試験、試験に追いまくられた三年間だった。自分のペースで勉強できたのは浪人した一年間だけ。本当に試験とそのための勉強が嫌いだった。私の教師としての背景には、ずっとこのことがあったように思う。

さて、O学園高校の試験。三期制なので定期試験は年五回。実力試験は年三回。ここでは圧倒的に定期試験の比重が高い。大学入試で推薦受験が多い関係でこうなってしまうのだ。推薦入試では調査書の評定平均値が重視され、その数値は定期試験の成績から算出するのである。

実力試験は夏期、冬期、春期の休業中の課題テストの色彩が強い。本来の実力テストにしようという意見も根強くあるが、そうすると社会科関係の科目は平均点が十点台になること間違いないだろう。

さてその定期試験だが、生徒たちのほとんどは一週間くらい前から試験勉強の体制に入る。試験前日からやっとという強者もかなりいる。口を酸っぱくして最低二週間前から試験体制に入れと言うのだが、それを実行する生徒は少ない。彼女たちのこのノー天気ぶりをなんと表現したらいいのか。私の高校時代のように思い詰める生徒なんてまずいない。それでも成績だけは欲しいらしい。

直前になると、職員室前のロビーは質問に来た生徒でいっぱいになる。それはそれでいいことなのだが、問題は質問の内容だ。一番多いのは「ここ試験に出るの?」という質問。そんなことには答えられないが、敵もさるもの、こっちの顔を見て判断する。その正確なこと。「あ、そう。わかった。ここはやらなくていいんだ。じゃあ次、ここは？」とたたみかけてくる。

次に多いのが「ここを全部説明して」と言ってくる生徒。授業をもう一回やってくれというようなもの。まともにつきあっていられない。自分の高校時代には、こんなことは考えられもしなかった。

さて、生徒が試験勉強で汗を流しているころ、私たち教師は試験問題の作成で汗を流している。これがけっこう神経を使う。私は世界史を中心に教えていたが、どうしても前に出したのと似たような問題になりがち。それでも、同じ問題というわけにはいかない。生徒によっては先輩から譲ってもらった過去の問題を持っていることもあり得るからだ。なんとか、文章を変えたり形式を変えたりと苦労するが、それでも完璧に満足できる問題を作ったということはほとんどなかった。

そうであってはいけないとわかっていても、社会科は試験となると暗記力を試すものになりがちである。虫食い問題といって、文中のカッコの中に適当する語句を入れよとか、四択問題、正誤問題など。記述式は採点期間の制約もあって一回に三、四問、それも短いフレーズで答えるものしか出せない。

虫食い問題では、下に語群を付けるか付けないかで大違いである。まず難易度が違ってくる。付けると一気に易しくなる。採点では付けた方がはるかに楽である。解答の語句で迷うということもない。しかし、生徒の真の学力を判定するという点では付けない方が良いに決まっている。

教師の資質についても、それが一番よくわかるのはその人の作った試験問題を見ることだ。五十分間、目一杯生徒を考えさせ、答案に集中させるような問題を作る教師は良い先生だ。恥ずかしながら私は最後までそういう問題を作れなかった。

以前、ある部長という立場にあった教師だったが、その人の作った試験はものの二十分で大半の生徒は書き上げてしまった。あとの時間は机に突っ伏したり、答案の裏に落書きをしたりと時間をもてあましていた。この教師の頭の中には生徒のことはまったくなく、自分が次の教頭になることとしかないようだった。

試験の監督もけっこう神経を使う。不正行為を許してはいけないからである。それをやらせないための要《かなめ》は、監督者が生徒の視野に入らないところに立つこと。監督者が試験を受けている生徒の視野に入ったら、不正行為はできるというのが私の経験則（？）である。

そして、試験も後半に入った三日目とか四日目あたりが危険である。生徒は連日の深夜までの勉強に疲れてくるころ、ついふらふらと誘惑に負けてカンニングペーパーを作ってしまう。特にその日の試験科目が英語と世界史のように、重要科目と暗記科目が組まれていると世界史が危ない。そして、案外まじめな生徒がやるのだ。

ところで私は教師生活四十一年間に、一度も不正行為を見つけたことがなかった。見つける人は二度、三度と見つけるのだが、たぶんボケッとしていて見過ごしていたのだろう。

ともあれ、試験の直前まで生徒は勉強に追われ、教師は問題作成と試験の範囲までなんとか終わらせなければいかんとばかりに、大車輪で授業を進める。そして、それを何とかクリアしてホッとするのが試験第一日。この試験期間中だけは我々教師は一息つけるのである。まさかこんなときに遊びに行く生徒はいないし、授業はないし、業務は午前中で終わりだからである。

ところが、私の退職間際のころはそうではなくなった。やれ職員会議だ、それ学年会議だ、部活動顧問会議だ、運営委員会だと、午後に会議をやたらと入れるようになってしまった。

教師の愛

愛にもいろいろな愛がある。男女の愛、親子・兄弟の愛、友達との友愛など……。ここでは、教師の生徒に対する愛を取り上げる。それは一口に言うと、生徒を「かまってやる」ということである。

「かまう」とは辞書によれば〝そのことのために配慮する、何かをしてやる〟となっている。このことを教育の場に当てはめると、教師は授業や、それ以外のいろいろな場面で、常に生徒に話しかけたり、励ましたり、世話をするということになろうか。さらに注意したり、叱ったりすることも「かまう」ということである。またときには黙って見ている場合もあるだろう。

要は、自分の存在が教師の胸の中にちゃんとあるということが生徒に認識できれば良いのである。安心するのだ。私は性格なのか、しょっちゅう話しかけたり、褒めたり励ましたりするのが苦手で、生徒を叱ることの方が多かったように思う。それでも一年間という長い期間には、どこかで心のつながる一言二言をかけてやれる。

どんな生徒でも、特に反抗的な生徒ほど自分の存在を認めてほしいと思っている。叱られてばかりの生徒でも、どこかで一つ褒めてやるとどんなにいい顔をすることか。

逆に言うと、教師が生徒に対して無関心になることが一番残酷なことである。それは話しかけなくなるとか、励まさなくなるということだけではない。本気で叱らなくなることも含めて、教師の心の中に生徒の存在がなくなるということだ。

もうこれ以上余分な仕事はしたくない。問題を起こす生徒や、不登校の生徒をわずらわしいと思ったり、担任を持ちたくないと思うこともそうだ。進学実績を上げることのみに腐心し、授業より校務を優先して励んだり、話術やはったりで生徒を指導し、生徒を型にはめていくのもその類に入るだろう。十年一日のごとき教材ノートを使って授業をしたり、三年おきに同じテスト問題を出すのもそうだ。

O学園高校の生徒は素直で正直すぎるので、こうした扱い方をされても教師を強く批判したり反抗はしない。しかし、そういう教師を見抜く目は確実に持っている。

教師も十年以上やっていると初心を忘れてしまい、えてしてこのような心境に陥りやすい。無関心とまでいかなくても、生徒一人一人の生の姿を見失ってしまうのだ。かくいう私も三十代の後半、生徒部に長く在籍し、生徒指導のプロを自認し、天狗になっていたときがあった。そんなとき、生徒の真の姿を見失ってしまった苦い思い出とともに、その後、妙な展開で救われた経験を紹介する。

その生徒はごく普通のサラリーマン家庭の娘で、二年生で私の担任クラスになった。そのときはすでに勉強より、ほか事《ごと》に気を取られるといった様子がありありと見て取れた。案の定一学期後半から休みがちになり、夏休みはなんとか持ちこたえたが、二学期になると、人が変わったように投げやりな態度になった。

それから家出、深夜徘徊で補導、無断欠席とお決まりのコースをたどって生徒部に上がってきた。結論は退学勧告というものだった。

そのとき、私は生徒部の一員としてより、担任としてその生徒の側に立ってやらなければならなかった。しかし、職員会議でひと通りの弁護はしたのだが、じっくり話をすることもなく、つまり「かまってやる」こともなく、温厚なその子の親に自主退学を勧めた。母親は担任の私にかなり不満のようだったが、しぶしぶ退学届を出してくれた。

ところが退学したあと、しばらくしてその親子がそろって菓子折りを手に拙宅を訪れた。そして丁重にお礼を述べていったのである。はじめ事情が呑み込めなかったが、話を聞いてわかった。母親が学校に退学届を持ってきたとき、事務的な処理をすませたあと、生徒部のベテラン教師が母親に、担任が一生懸命弁護したのだが、職員会議の多数の意見を変えることができなかったと、フォローしてくれていたのだ。

もう一つ、後日談。実は数年後、その子の結婚式に主賓として招かれた。そしてあろうことか、そこでお祝いの言葉を述べることになったのである。在学中のことでは褒める材料が何もないのだから、これには困ってしまった。それでも、幸せそうな新婦を見ていて少しは気持ちが晴れた。

ある年のクラス

　ある年の特進クラスの生徒たちについて記してみたい。かなり手こずったクラスで、強く印象に残っているからだ。

　それまで特進クラスの担任は、大学受験の主要科目である英語科か国語科の教師が務めるのが通例となっていた。それがどういうわけか、この年は社会科の私にやれと言ってきた。最初は辞退したが結局は受けざるを得なかった。

「特進」というのは「特別進学クラス」のこと。入学してきた生徒の中から保護者と本人の承諾を得て、入学試験の成績の良い者を選抜して構成する。その目的はただ一つ、部活動など他の学園生活を犠牲にしても文系有名大学の合格実績を上げること。それは生徒の進学希望を最大限かなえてやるとともに、学校の名を上げるという意味合いがある。

私は特進クラス設置に反対した一人だったが、作ったからには何が何でも成功させるしかないと割り切っていた。

担任になって当然、気負いが先に立った。授業だけをやっているぶんには、特進は非常に面白いクラスである。まず呑み込みが早い。反応も早い。世界史の理解に欠かせない抽象的思考力にも優れている。しかも、普通クラスよりも少しは精神的に大人である。だから、そういうものとしてクラス担任を始めた。が、すぐ足をすくわれた。

まず、エリート意識を持った生徒が多かった。自分たちは選抜された特進の生徒だという意識が鼻についた。

次に、やたらおしゃべりをするのには参った。二回ほど怒って授業を放り出して職員室へ帰ったことがある。休み明けの始業式後のホームルームでは、あまりのうるささに、「少し時間をやるから思いっきりしゃべってろ！」と言ったら、いつまでもしゃべりまくっていた。

教師の言うことを素直に受け取らない。クラス新聞『フォーラム17』を発行して、三年間続けるつもりで意気込んだ。ところが、「なにぃ、こんな面白くないもの！」とある生徒に言われて即やめた。

O学園高校の生徒は素直で優しくて礼儀正しいのが特徴だが、この特進クラスの生徒は一言で言うと個性的、言い換えると一刻《いっこく》で生意気。手をやかせたが反面、服装や髪型といった風紀面での指導はまったく手がかからなかった。

クラスの主だった生徒を寸描してみる。

K・I…非常に個性的な生徒で、教師や親をなんとも思っていないところがあった。三者面談のとき、私が母親に受験校についてそれでいいですかと聞いたら、すかさず本人が親に向かって、「あんたは黙っとって！」と言った。一年浪人して第一志望の大学へ見事合格、感性と根性には素晴らしいものを持っていた。

H・U…一年のとき、英語の先生に「先生の教え方がよくわからない」というようなことを言ったらしい。その先生、頭から湯気を立てて職員室に入ってくるなり、こんな侮辱を受けたのは初めてだ、と言って憤慨していた。進路相談のとき、ちょっと変わった学科を受験したいと言うから、私が「その学科で何を勉強するかわかってるのか」と聞いたら、一言「いかんの？」と言ったのでもう何も言わなかった。この生徒も第一志望の大学へ一発で合格。優秀な頭脳に加えて人一倍の努力家だった。

A・M…この特進クラスは部活動との両立は難しいよと、口を酸っぱくして言ったのに演劇部に入った。かなり熱心に活動したようだ。秋には弁論大会に出場したいと名乗り出た。私と会話することは少なかったが、それなりに学校生活を楽しんでいると思っていた。ところが、学年末も押し迫った二月だったか、突然学校を転校したいと申し出てきた。ビックリしてなぜかと問うても答えない。どこに行くのかと聞いたら、昼間定時制の高校に行くという。それ以上何を聞いても言わない。あっさり転校していった。個性的であったが故に校風に合わなかったのか。

M・I…事前にこの特進クラスは理系の大学には向かないと、くどいほど説明したにもかかわらず、看護師志望なのに入ってきた。性格温厚、真面目、校則はきちんと守るという申し分のない生徒。化学とか数学とかカリキュラムにない科目はほとんど独学でやったらしい。そして、かなり難しい東京の某医科大看護学部へ進学していった。この生徒もある意味では一刻だった。今は、アメリカに渡って看護師として働いているという。

I・A…新築した立派な家と素晴らしい個室があるのに、親に反抗ばかりしていた生徒。明るく屈託のない人柄で友人から信頼があった。一年では問題がなかったが、二年からおかしくなり、当然勉強もそっちのけ。ところが三年になって人が変わったように猛勉強。かなり難しい志望の大学に合格。やる気になればできるものだと感心した。

H・U…入学時から卒業まで、ぶれることなく漫画家志望で、どうしてこの特進クラスへ入ってきたのか未だにわからない。

D・EとM・C…この二人、卒業したらアメリカへ留学するんだと、その一点に絞ってぶれることなく三年間頑張る。失敗したら日本の大学になんて全然考えていない。そして、初志貫徹した。今ごろはアメリカのどこかで、バリバリのキャリア・ウーマンとして働いているのだろう。

S・A…一、二年時は「私のケー君（このときの彼女のボーイフレンド）が、ケー君が」とことあるごとに甘ったれたことを言っていた。適当に相槌を打ち聞き流していたが、三年になって人が変わったように勉強に集中。公立大学に受かったが、翌年に国立大学を受け直して合格。繊細でナイーブな神経を持っていた。

H・M…特に運動部の部活動と特進の両立は難しいと言ったのに、体操部に入って熱心に活動。それが三年になってきっぱりと辞めて勉強に専念。みごと公立大学に合格した。意志が強いのだろう。

その他にもファッションモデルになった者、どこかのミス○○になった者など、多士済々だった。以上、ほとんどの生徒が志望する大学かその方面に進学していった。何かを成し遂げるには、優しいだけより一刻な方が良いのかも知れない。

もう一つ付け加えたいのは学校祭のバザーでのこと。だれが言い出したのか、一年のとき、冬瓜汁屋をやろうということになった。あっさり味とまったり味の二種類を作って生徒、保護者に提供するというもの。それを三年間続けたので「特進の冬瓜汁屋」としてすっかり有名になった。

特進クラスの担任は三年間持ち上がりで、生徒も変わらない。十六歳から十八歳という人生の最も多感な思春期、見事に少女から女性に変身、成長していった。そんな彼女たちに、担任として何ほどのことがしてやれたのだろう。

教師にとって先生とは

教師にとって先生とは――、それは生徒である。しかも、手に負えない生徒ほど、その子は最高の先生である。冗談でも皮肉でもなく、本当にそうなのだ。

教師になりたてのころ、だれしも経験すること。それは、担任クラスや教科担当のクラスにどうにも手に負えない生徒が一人や二人は必ずいて、その生徒に振り回されて苦労する。その生徒一人がいなかったらクラスの運営がどんなにうまくいくことか。また彼女がいるクラスの授業か、嫌だなあと思いながら重い足取りで教室に向かうということが間々あった。

何度注意をしても服装・髪型の違反をしてきたり、反抗したり、授業中おしゃべりばかりして教師の意欲を削《そ》ぐ。つまらないところでまぜっかえす。叱るとすねる、怒ると泣く。こんな生徒はよくいる。

経験の浅いころ、私はそういう生徒のことばかりで頭がいっぱいになって、我を忘れて感情的になってしまったことも度々あった。そうなると教師としての余裕がなくなり、そのクラスに行くのが嫌になる。教師が嫌になると、他の多くの生徒にもそれが伝わって、そのクラスの雰囲気が白けてしまい、状況はますます悪くなり、悪循環に陥っていく。

こうなると、教師と生徒という関係を忘れてしまって対等の関係になってしまう。六十五歳で退職する年にもいた。あの生徒、今日はどんなふうに混ぜっ返してくるだろうかと考えながら、そのクラスに行くのがほんとうに気が重かったものである。

そういう生徒にどう対応したらよいかと、ときどき若い教師に相談されることがあった。そんなとき、私は「その生徒はあなたにとって先生ですよ。そういうふうにその生徒を見てみなさい」とアドバイスした。そう考えると少しは余裕を持つことができる。この余裕を持つということはどんな職業でも、どんな場面でも非常に大切なことである。冷静さを取り戻すという意味で。

そして、その生徒の一挙手一投足にいちいち目を奪われるのでなく、一年かかってじっくりとその生徒をこっちに向かせるのだ。叱ったり、褒めたり、すかしたり、ときにはわざと無視したりと悪戦苦闘するのだ。

相手は自分より若くて人生経験も浅く、弱い存在。反抗したりすねたりするが、根は寂しがり屋で甘えん坊。そういう生徒を何人も経験するなかで教師も鍛えられていく。逆に言うと、素直で善良な生徒ばかりのクラスを受け持っていると教師は腐る。ダメになる。O学園高校で言うと、特進クラスや保育クラスを長く担任していると、やっぱりいけない。手のかからない生徒が比較的多いからだ。

かつて私は三学年の担任を続けて持ったことがあるが、これもよくない。当時の大学受験は推薦入試が主だったから、教師を手こずらせる生徒も三年になると推薦ほしさに妙におとなしくなってしまうからだ。

三十代のときに、二年生を数年続けて担任したことがある。今のような特進クラスとか保育クラスなどはなかったころなので、どのクラスにも成績の良い子、そうでない子、おとなしい生徒、反抗的な生徒がまんべんなくいた。学校にもようやく慣れ、精神的にはまだ半分は子どもだったが、身体的には完全に大人になるころ。非行、愚行、反抗ばかりでなく、変に甘えてきたり無口だったりとほんとうに手こずったものだ。

そういう生徒たちと真っ正面から切り結ぶなかで、教師として鍛えられているという実感がしたものである。

通知表

通知表とも言う。およそ学校である限り必ず存在し、かつ最も重要な書類である。生徒のその学期あるいは一年の努力の結果が、そこに数字となって書き込まれてある。

私は高校時代のそれをほとんど覚えていない。どんな形式で何が書かれていたか、まったく記憶にないのだ。おそらく、学校も先生も勉強も、みんな嫌いだったからだろう。担任の教師からそれをもらうのも、それを見るのも嫌だった。もちろん当時の通知表は一つも手元に残っていない。

定期試験が終わると、教師は採点、集計、そして答案の返却と忙しい。そのあと、教科担任はその成績素点をクラス別にコンピュータに入力する。あとは教務部の教師が、徹夜してでも決められた日時までにクラス別の成績一覧を出力する。担任はそれをもらって、個別の生徒の成績を通知表に記入していくのである。

昔は教科担任から回ってきた各科目別成績を担任が大きな一枚の表に記入し、算盤《そろばん》で縦横を計算し、それが合致すると通知表への記入となる。私はこの縦横計算が合わなくて苦労した。教科担任の計算が間違っていたりすると腹も立つが、逆のこともあるので人を責めるわけにはいかない。のちにコンピュータが導入されてからは、そんなことは一切なくなった。とにかく、クラスの成績一覧表から、生徒の通知表に転記していく段階で各生徒の頑張りや怠けぶりがわかるというもの。

O学園高校では、一、二学期の通知表には定期試験の素点のみを記入する。五段階相対評価は学年の全部の試験をトータルして学年末に出す。問題はその割合だ。5・4・3・2の評価を何%ずつにするかは重要な意味を持つ。通常は5から順に一割、二割、五割、二割だったか（1は不認定になるから記入しない）。

ところがその昔は、一、二年時の割合と、三年時の割合を変えていた。当時は推薦による大学入試が圧倒的に多かった関係で、調査書の評定値を少しでもよくするために三年時だけは甘くしたのだ。いわば上げ底である。

あるとき、教務部長が、「これはおかしい。大学の側から、「O学園高校の評定は甘すぎるのではないか」と見抜かれる怖れがある。そんなことで本校の信用が落ちてはいけないと言い、やめることになった。

ともあれ、生徒にとって通知表をもらうときは、昔も今も変わらぬ緊張の瞬間（？）。しかし、実際は実にあっけらかんとしたもので、彼女たちにとって評定が3でも5でもあまり関係なさそうだ。要するに、赤点（赤い○が付いている）がなければいいのだ。

赤点とはその科目が不合格ということ。あとで補充試験を受けなければならない。この赤点が三つあると、保護者を呼び出して担任面談である。五つあると校長面談となる。これが彼女たちにとって最大の恐怖なのだ。

校長が恐いのではない。しぶる親に学校まで来てもらわなければならないことが辛いのだ。だったらもう少し頑張ればと思うのだが、十六歳から十八歳の女子は、なかなか勉強に集中できないのだ。

今はどうか知らないが、私のいたころは三年間同一の通知表だった。三年間の成績が一目でわかる。中を開くと赤丸だらけで真っ赤という豪傑もいたものだ。

この通知表、渡すときは簡単だが、集めるのには手間がかかる。例えば夏休み明け。九月一日の始業式には何をさしおいてもこれを持ってくるのは昔からの常識。ところがこの常識が通用しないのが毎年いる。一週間たっても持ってこないのが必ずいる。

これは通知表に限らず、全ての提出物に共通する。あげくに「失くしました」と言ってくる。「もう一度よく探せ」と押し返す。長い休みの間にどこかに挟み込んでしまったのか。しばらくして、ありましたと言って持ってきたのを見ると、みそ汁だかコーヒーだかの茶色いシミがべっとり。母親が持たせるのを逡巡したらしい。

あるときから、提出物は全員が揃って持ってくるまでは受け取らないことにした。一人でも持ってこないときは全員分受け取らないのだ。これは多少効果があった。外部の人にはわからないだろうが、教師はこんなところでもけっこう苦労しているのである。

文化祭

まず私の高校時代。そこに文化祭なるものがあったのだろうか。体育祭があったことは覚えている。しかし、演劇部や合唱部の発表というのは見たことがなかった。たしか音楽科クラスがあったが、一度もその演奏を聴いたことがない。そういう寂しい学校だったということか。

O学園高校の学校祭。それは三日間にわたって行われる。一つは鶴舞公園内の名古屋市公会堂の大ホールを借り切っての文化祭。二つは校内で行われる部活動・クラスの研究発表、作品展示やバザー。そして体育祭である。生徒たちはこの三日間、日ごろの授業では体験できない様々なことを学び発表し、学校生活を豊かなものにする。

さて、本題の文化祭。ここでの主役は、合唱部や管弦楽部、演劇部といった文化系部活動――と言いたいところだが、意外に一般生徒はこういった部の発表に興味を示さない。

これらの部は、この日のために何日も練習し、満を持して舞台に臨むのだが、真剣に聴いたり観たりしている生徒はどれくらいいただろう？　席を立ったり、おしゃべりをしたりと、終始場内はざわついている。ときたま教師がおしゃべりに夢中になっている生徒の肩をつついたり、注意をするのだが、焼け石に水である。生徒にしてみれば、日ごろテレビや映画、ライブなどに接しているので、それとはレベルが違うということか。

ここで名誉のために書いておかなければならないことがある。生徒は真剣に聴いていないものの、Ｏ学園高校の管弦楽部と合唱部は高校生離れした実力を持っているのである。

管弦楽部はフル編成の女子高生のオーケストラとしては、県下でも珍しいのではないか。毎年、学外の大ホールで定期演奏会を行うが、一般の人も含めて満員になるほどである。三年間でメンバーが全部入れ替わる学生オーケストラの宿命はあるが、それにしても大したものだ。

合唱部の実力は中部大会、全国大会の常連であると言えばおわかりだろう。その澄んだ音色はじっくり聴けば、そこらの大人の合唱団よりはるかに聴き応えのあるものだが、多くの生徒はその耳を持っていない。

演劇部。残念ながら在任中じっくり鑑賞した覚えがない。教師はいつも一番後ろの席で見ている関係で、セリフがまったく聞こえてこないということもある。

この部で面白いのは、集まってくる部員の個性の強いこと。演劇部の顧問をやると、まずそれにぶつかる。教師の言うことなんか聞きやしない。いっぱし大人ぶったりして、えらそうな理屈をこねくり回す。部員同士の対立というか、内紛もこの部の得意とするところである。それでも、なんとか舞台をつくっていくところが可愛い。

一方、人気があるのはダンス部の踊りと、被服部のファッションショーである。ダンス部の演技が始まると、生徒たちは一斉に注目する。赤や緑のライトがせわしなく舞台を照らすなか、部員たちはテーマ曲に乗って手・足・頭を思いきり振り回したり、伸ばしたりと踊りまくる。若者の持つ本能的な欲求の動きの一つであろう。眩《まぶ》しいばかりである。そこには、日ごろ授業で眠ったような顔をして座っている生徒とは、およそかけ離れた生き生きとした若者の躍動がある——、と私たち教師は、いささか場違いの感を抱きつつ眺めているのである。

見ている生徒たちも、知っている生徒が登場すると、口をそろえて「だれだれちゃーん」と声をかける。まさにステージと一体になって盛り上がるのである。

被服部のファッションショーは、またひと味違った雰囲気を醸し出す。自分たちで作ったファッションを身にまとい、気取った足取りで登場するうちはまだおとなしい。ある年から、ブライダルファッションの部員に、男性教師がエスコート役として登場するようになった。フォーマルスーツを着た若い教師の腕に手を回して二人が登場すると、羨望と嫉妬の入り交じった歓声が会場を支配する。

若い教師ばかりでなく、年配の男性教師がエスコート役として登場すると会場は大笑い。私は幸か不幸か（?）、一度も声がかからなかった。

かくしてにぎやかで楽しかった文化祭も終わる。これも高校生の文化である。

体育祭

Ｏ学園高校には体育祭が行える広い運動場がない。それで、その昔（一九六〇～七〇年代）は近くの鶴舞公園の陸上競技場を借りて行っていた。だだっ広くて埃《ほこり》っぽいのが難点だが、そんなことにはお構いなく、二千名近い生徒がこの日ばかりは日ごろのおとなしさとは裏腹に、若さとパワーを発散させたものだ。

今は県の体育館を借りて屋内で行っている。天候に左右されないし、変な御仁が入ってこないという利点があるが、やっぱり体育祭は野天が良い。

当時は九月末か十月初めが学校祭シーズンだった。ということは九月いっぱい、体育祭ばかりでなく、文化祭に、展示・バザーの準備にと、生徒たちは授業とはまた違った生き生きとした姿を見せる時期である。

さて、体育祭はクラスの体育委員が中心になって進めるのだが、彼女たちは当然ながら体格が良く気性もからっとしていて、一緒に準備をしていて気持ちが良い。

全体を指導するのは体育科主任のM教諭。公立高校リタイアの教師だが、赤銅色の体で生徒を目いっぱい運動させる。三方を校舎に囲まれた狭い校庭で走らせたり、応援合戦の練習をさせるものだから、周りの教室で授業をやっている私たちはたまったものではない。まだまだ暑い九月、クーラーのない教室で体育祭が終わるまであと半月、あと一週間とガマンしたものだ。

さて、競技種目だが、リレーとかパン食い競争、障害物競走といったおなじみのものの他に、仮装行列、着付け競争、応援合戦、そしてクラスの席の後ろにデコレーションを飾って競うというのもあった。

「仮装行列」は見ていて楽しかった。生徒たちはここで思わぬ知性とユーモアを発揮するのだ。まずテーマ。よくあるのは「人間の一生」とか、「各国の民族衣装」といったありきたりのものから、その時々の世相や政治的・社会的問題もよく取り上げられた。

学生運動の盛んなときは、みんなヘルメットを被り、ゲバ棒を持って練り歩く。ヴェトナム戦争の最中には、鉄砲を持ちヴェトコンの扮装をして出てくる。交通戦争をテーマに、段ボールで作った車を本部席の前で衝突させて、負傷者を担架に乗せて運んでいく仮装にはみんな拍手したものだ。これだけを楽しみに見にくる学園併設のN短大の先生もいた。私も高校や大学で何回か経験したが、これは学生の文化だと思う。

「着付け競争」というのは、各クラスの生徒がその担任を笑いものにする種目である。担任教師の特徴をつかまえて、いろいろな姿や形に扮装させるのだ。担任はそのときまで自分が何に扮装させられるかわからない。猿、蛙といった動物やおてもやん、花嫁さんはまだいい。とんでもないものにさせられると悲惨。顔にドーランを塗りたくられ、上半身裸かぼろ切れを着せられて、グラウンドを一周させられるのである。生徒は大笑い。日ごろ叱られてばかりいる彼女たちにしてみると、つかの間鬱憤《うっぷん》をはらすということなのだろう。

衣装を着せられ、化粧をするときは生徒が手伝ってくれるが、終わったあと、それを落とすのは洗顔クリームを与えられるだけ。自分でどうぞというわけだ。生徒席の後ろでもぞもぞと、やったこともないことに苦労しながら、来年は絶対こんな種目は廃止してやるぞと、空しく心に誓ったものである。

「応援合戦」、これは今でもやっていることだろう。クラス全員がリーダーの生徒のもと、一糸乱れぬ動作と声で応援する様を競うのである。これにはお金をいくら以上かけてはいけないとか、派手な衣装はいけないなど厳しい制限がある。それでも生徒たちはその制限をあの手この手でかいくぐり、アッと驚くようなことをやってくれるのである。

やったもの勝ちだ。が、なんといってもリーダーの善し悪しで勝負は決まる。

私も一度、その点だけは素晴らしい素質をもった生徒に恵まれたことがある。勉強の方はパッとしなかったが、その指導ぶりは私の授業より数段上だと思ったものだ。大きな声こそ出さないが、その一声、腕の一振りでクラス全員が一糸乱れず動く。あんな風に授業が仕切れたら良いなと思って見ていた。

「デコレーション」というのは、会場の生徒席の後方に、段ボールやベニヤ板などでクラスのシンボルや担任の似顔絵を書いてアピールするもの。この係になった生徒は、当日朝早くから登校して準備にかかる。前日までそろえておいた材料を、リヤカーで学校から鶴舞公園の競技場まで運び、そのか細い腕でトンカチをふるい組み立てるのである。ときによると、父親まで連れてきて手伝わせている。ほんとによくやるなと言いたくなる。

あるとき、段ボールで大きく靴の形にくり抜いて掲げたクラスがあった。コロッケのような形をした学校指定の靴だ。当時、世間では先の尖った細身の靴が流行していた。学校の制服、指定の靴などは流行とは無縁である。と言っても、そんなことは生徒には通用しない。そんな生徒の一途な想いが伝わってくるようなデコレーションだった。

「マスゲーム」、これも見ていて毎回楽しかった。学校には学年全員がそろって練習する場所がない。体育の授業でクラスごとに練習するのみ。それを事前の一回の予行練習では位置を確認するぐらいで、本番では見事な演技を披露する。見ている他学年の生徒や保護者は思わず拍手。指導する体育教師のご苦労もさりながら、全体の動きの一部分となって演技する生徒たちの素晴らしさに脱帽した。

この日一日だけは、ふだん教室では見せない彼女たちの若さとパワーを存分に見せつけられ、我々教師は自分の年齢を嫌でも思い知らされ、圧倒されるのであった。

部活動

　部活動というと、O学園高校にはバスケット部というダントツに有名な部がある。素晴らしい指導者と学園の手厚いバックアップがあって、その名は全国に鳴り響いている。しかし、ここで取り上げるのはそういう有名な部活動ではなく、地味で大方の生徒には人気はないがそれなりに活動している部。たとえば写真部である。私は数十年にわたってその顧問を務めてきた。

　赴任した当初は、軟式テニス部の副顧問をしていた。そこには年配で練達の指導者がいて、インターハイや国体に何度も選手を出場させていた。その指導に私が入り込む余地はなく、生徒と一緒にボールを打っていただけであった。二年目から担任を持つようになって、なんとなくコートに行く頻度が少なくなっていった。

　部活動の顧問をやるかやらないかは希望制で、別にどうしてもやらなければならないというわけではなかった。それでも、あまり負担にならなくて私にもできそうな部活動はないかと探していたら、それが写真部というわけだった。

当時、最新の一眼レフカメラを持っていたが、特別写真に詳しいわけではなかった。山の写真など撮るのは好きだったが、暗室作業はまったく無知。前から顧問をやっていた先生から教えてもらったり、本を読んだりして勉強した。

写真部の活動の大半は暗室での現像と、焼き付け・引き延ばし作業である。当時、本館地下の理科室の奥に暗室があって、その狭くて暗い部屋で、初めは先輩の顧問について見よう見まねでやっていたが、三、四年してだいたいの要領は習得した。

さて生徒だが、入学式の日、部員を確保するために、「カメラさえ持っていればだれでも入れるよ」とか言い、パネルにした全紙大の作品をかざして誘うのだが、毎年入部してくるのは十人前後。そのほとんどはカメラの仕組みや露出、シャッタースピードなどの知識はまるでなく、興味本位で入ってきた者が多かった。とにかく女子は信じられないぐらいメカに弱いのだ。それらを一から教えなければならなかった。

部の最初の活動は、五月の新緑の美しい時期、近くの鶴舞公園内の遊園地で新入生歓迎の意味も込めて撮影会を行う。なんでもいいから全部撮ってこいと二十四枚撮りのモノクロフィルムを渡す。ここでの彼女たちの感性は素晴らしい。だいたい保育志望の生徒が多く、小さな子どもと適当に遊びながら撮っている。できあがったベタ焼きを見ると、ほとんどピンボケなのだが、そんなことを最初から細かく言ってみても始まらない。そんなに難しいなら辞めますなんて言われては元も子もない。とにかく子どもの笑顔や愛らしいしぐさが写っていればいい。

撮ったフィルムの現像は、近くのカメラ店に持って行く。暗室でやれないことはないのだが、失敗するのが怖い。したがって暗室では焼き付けと引き伸ばし作業だけになる。生徒はこれには感動する。自分の撮った写真が現像液の中で浮かび上がってくるとき、だれもが感嘆の声を上げる。そうやって、まず写真の焼き付けの醍醐味を味あわせる。そして、その大伸ばしした印画紙をパネルに張り付けて作業は完了する。

二回目以降は、家族のお年寄りとか子ども、そのほか級友の何げない日常を撮ってこいと指示。そうやってできあがった一人二、三枚の作品を九月の学校祭に展示する。評判はあまり芳《かんば》しくない。お化け屋敷とか食べ物屋の方がはるかに人が集まる。

その中の優秀とも思われる数点を「私学展」に出品する。当時の愛知文化講堂の二階を借り切って行われる愛知私学の文化祭である。絵画、書、写真、被服など、そのレベルは大したものである。写真にかぎって言うと、男子校の作品はさすがである。いわゆるカメラおたくが多いのであろう。女子校の出品は少ない。おそらく写真部そのものがないのだろう。

そうやって一年が過ぎるころになると、何人かは病みつきになる者も出てくる。中には写真専門学校に行きたいと言い出す者もいた。

写真はすべてモノクロである。「私学展」では一部の男子校がカラー写真を展示していたが、その焼き付けや大伸ばしはどうやっていたのだろう。高校の貧弱な暗室では不可能ではないかと思っていたのだが。

キャホーのハル

その昔、私は生徒から「キャホーのハル」と呼ばれていたことがある。世界史の授業をやっていて、この「キャホー」という言葉をよく使ったからだ。

同じ歴史科目でも、O学園高校の女生徒の多くは日本史より世界史が苦手であった。その理由はいろいろある。まずカタカナに弱いこと。次に、いろいろな国や地域の歴史が同時に展開するので頭が混乱してしまうこと。さらに、地理の知識や感覚がほとんどないこと。そして、いにしえの時代を想像することにおいて、女子は男子に比べて弱いところがあるように思う。つまり抽象的思考が苦手なのである。

この四つをなんとか克服してもらわないと、世界史が「面白い」とならない。面白いと感じてくれないと、やっている方はたまらない。砂を噛むようだと言ったらいいか、合唱で言うと緞帳《どんちょう》の前で歌っているようなもの。つまり、自分の声が一方的に吸い込まれてしまって、相手の反応がないのだ。

O学園高校では、日ごろから漢字検定とか漢字小テストなどには力を入れているので、生徒は漢字にはわりと強い。ところが先にあげた一つ目の〝カタカナ〟にはからきし弱いのである。ギリシア史のペイシストラトスとかテミストクレス、ローマ史のマルクス＝アウレリウス＝アントニヌスなんてのが出てくると、大半の生徒が悲鳴を上げる。読ませると噛んでしまったり、ラトスがラストになったりする。一度それで覚えてしまうとなかなか修正できない。私自身も何げなく問題を作り模範解答を作ってみたら、「なんだ、カタカナばっかりだ」とビックリしたことがある。

人名とか地名の一覧を作ってトイレの壁に貼っておけとか、覚えたらその紙を食べてしまえ（冗談）とか、いろいろなだめすかしたが、これはもう自分で努力してもらう以外に方法はない。

さて本題。二つ目以降は教える教師側の問題。いかにしてそれを克服してもらうかで四十一年間、苦労してきたと言っても過言ではない。

国、地域の同時展開の問題は「世界史」の宿命だ。特に近現代に入ってくるとヨーロッパ史、中国史、アメリカ史の関係が複雑に入り組んでくる。これをどう単純化し、わかりやすく説明するかが世界史教師の腕の見せどころ――と言うはやさしいが、実際はほとんど絶望状態。

例えば、さっきまでドイツ帝国とビスマルク外交とはとやっていて、突然アメリカ南北戦争に移る。混乱した頭の中でリンカーンがドイツ人でビスマルクがアメリカ人になるわけだ。

地理感覚については、日本史ならば「薩摩の国」と言えば、ああ鹿児島県のあたりだなと大方の生徒はわかってくれる。世界史ではそうはいかない。メソポタミアとかガリア、キプチャク＝ハン国、フランク王国など、十六歳から十八歳のふつうの女の子にわかるわけがない。そこで、地図や年表、写真や想像図が一体となった資料集を使うのだが、これがなかなか優れものである。教科書は私の高校時代とほとんど変わってないのに、この資料集の進化はすごい。当然値段も倍以上に高いけれど。

ところが、これの扱いがまたやっかいなのだ。日ごろは教室の書棚に置いてあるのだが、授業のときは必ず自分の机上に載せておけと言ってある。これをやってくれない。授業が始まってからドヤドヤと取りに行こうとする。私「ダメだ」と言う。すると今度は隣の席の生徒のを見ようとする。「見せてやるな！」と言う。生徒、プクーとふくれる。「ダメだと言ったらダメだ」と言って絶対に引き下がらない。こういうことを曖昧にすると、毎時間授業の初めで混乱する。そこで奥の手。世界史の試験問題には必ず地図の問題を出す。試験に出るとなると彼女たちはやるのである。テレビドラマの学校もの、教師ものにはこんなシーンは出てこない。教師はこんなところでも苦労しているのである。

最後にやっと「キャホー」の説明をしよう。もう少し詳しく言うと、「身体に腰簑《こしみの》を巻いて、手に槍を持って、〝キャホー〟と叫んで猪を追っかけていた」時代、つまり原始時代という意味である。それを縮めて「キャホーの時代」と表現したのである。

例えば、中国の春秋時代（前七七〇～四〇三年）、孔子が現代にも生きている「仁と礼」の儒学を確立したころ、日本ではまだ「原始野蛮な時代」（正確には縄文時代なのだが、そんなことはどうでもよい）と言うより、「腰簑巻いてキャホーの時代」と言った方がわかりが早いと考えたのだ。

プラトンの「イデア論」しかり、インドの仏教しかり、その時代日本は「キャホーの時代」、つまり、いかに世界史が奥深いかを理解させるための、私なりの苦肉の策なのだ。無理があるのはわかっている。しかし、それを言うと生徒は、「また出たあ」と言って喜んでくれる。何でもいいから反応してくれたらこっちのものだ。

四十一年間、主として世界史を教えてきて、彼女たちの成長に何か役に立つことを教えてきたのだろうかと、今さらながら疑問に思っているけれど。

生徒会

日本の学校では、中学校から大学まで生徒・学生によって選挙で選ばれた生徒会（学生会、自治会）があるのは常識。私自身は、中学校での生徒会はまったく記憶にない。高校ではだれか好きな者がやっているなあ……ぐらい。大学の自治会はよく覚えている。当時は学生運動が最高潮のときだったからだ。学生運動は大きく二派に分かれていた。代々木系（日本共産党系）と反代々木系である。この二派が毎年執行部を握ろうと、選挙のたびに激烈に争っていた。私のいた大学は反代々木系がずっと執行部を握っていた。

自治会は、大学当局（教授会や事務当局）からまったく独立した組織で、役員選出、運営、財政と、全て学生の手によって運営されていた。そして、学生はそれを誇りに思っていた。入学から卒業までの四年間、授業料を年額九千円からびた一文値上げさせなかったのは、全学連に結集した自治会の力があったからだと今でも思っている。

ところが中学、高校の生徒会は自立した組織ではない。生徒会係の先生の、ひいては校長の指導のもとにある。しかし当然ながら、高校生にもなると、そうそう学校の言いなりになってはいない。選挙のたびにここぞとばかり学校批判を展開する。あるいは学校側に厳しい公約を掲げて迫ってくる。

私が赴任したころは、選挙のスローガンというか公約は、他校との交流や男女交際を認めよというのが圧倒的だった。当時愛知の高校には「三校禁」というのがあって、県教育委員会は三校以上の生徒の交流を禁じていた。主に公立高校生対象の通達だったが、私学もそれに乗っかっていたようである。何を恐れていたのかわからないが、生徒たちはなんとか他校との交流を認めさせようと、選挙のたびごとにこの解禁を掲げたものである。

男女交際の禁止は本校の決まりのようだった。「ようだった」というのはそれを明文化したものがあったわけではないから。当時、生徒部で睨みをきかせていた家庭科の年配の女教師が、職員にも生徒にもそう指導していただけのようだった。そんなもの、学校の外でやることだからわからないというのは、O学園高校の生徒を知らない者の言いぐさ。生徒の多くはそれを守っていたのである。

こんなことを覚えている。二学期の終業式の式辞で、当時の校長が「お正月の三日間だけは私服での外出を認めます」とやったら、生徒は大喜びして拍手をした。それぐらい純真だった。だから、先のようなことが選挙公約になるのであって、今、こんな公約を掲げて立候補したら笑われてしまうのがオチだろう。

のちになると、生徒の公約は校則に関するものが多くなった。カバンとかマフラーを自由にしてほしい、冬用のコートを代えてほしいといった類いである。このマフラーの着用禁止については、教師の間でもおかしいと思う人が多く、指導は徹底しなかった。つまり、学校の直前まで巻いてきて、校門を入るとき素早くカバンに隠すのである。

今どきの生徒会選挙の最大関心事はなんだろう。退職間際のころは立候補者も少なく、盛り上がりに欠けるようだった。各ポストに一人ずつしか立候補者が立たず、信任投票になる場合が多かった。

最後に学校における生徒会の存在の重要性について一言。それがどんなに幼稚で不完全なものであっても、これが中学校から大学までずっと行われることが、民主主義の極めて重要な教育になっていることだ。自分たちの代表を複数の立候補者の中から選挙で選ぶ。多数の票を獲得した者が当選し、少数者は落選する。それが当たり前という意識を中学校のときから実践し、知らず知らずに身につけていく。そして大人になったとき、実際の選挙でこの体験が生きてくるのである。このことは生徒本人たちはおろか、教師自身も自覚していないけれど、そういうことなのである。

記憶に残る生徒

四十一年間の教師生活で、記憶に残る生徒はそれこそ両手の指で収まらないほどたくさんいたが、ここでは一人だけを取り上げる。

T・Yさん。O学園高校に赴任した一年目に出会った生徒である。当時家庭科コースというのが一クラスあって、そのクラスの一人。ふだんから明るく元気で、馬力のある生徒だった。

当時は、夏休みに入ってすぐ、二、三年生の希望者五十人を募っての夏山集団登山というのがあった。そのときの行き先は富山県の立山三山で、日程は二泊三日。一日目は名古屋から室堂の山小屋「雷鳥荘」まで。二日目は一の越、雄山から真砂岳、別山を縦走して剣御前から雷鳥沢を下るという本格的登山。三日目に帰路につくというものだった。

標高三千メートルを超す山ながら、天気さえ良ければだれでも登れるコースであるが、回遊するコースであるため、生徒がバテたりした場合、そこに残しておくわけにはいかないのが難点。そういうときは教師が付き添って引き返すしかない。

さてこの生徒は、出発二日前に登山の準備ということで買い物に出かけ、ついでにどこかでアイスクリームを食べた。それがいけなかったらしいと本人は言う。翌日から猛烈な下痢に襲われてしまった。

「先生どうしよう。私、行きたいもん」と電話してきた。「だから、言わんこっちゃない。残念だけど家で寝ていろ」と答えた。数時間経ってまた、「やっぱり行きたい。今日と明日何も食べないで我慢する。向こうに行っても山小屋で待っているから、そこまででも連れて行って」と電話が来た。そこまで言うならばと、総責任者のM先生と相談し、連れて行くことにした。ただし、室堂の「雷鳥荘」までという条件付きで。

出発当日、彼女ほんとうに何も食べないで来た。一日目の美女平駅での昼食も食べない。「雷鳥荘」での夕食にも手をつけない。山小屋の食事は、普通の旅館のそれとは違って豪華とは言い難いものの、彼女はみんなが食べているのを横目で眺めているだけ。

翌日は快晴。いよいよ本格的登山である。二日間お茶以外何も口にしていない彼女は、当然山小屋に居残るものと思っていた。ところが朝になって、「先生、連れてって」ときた。もちろん朝ご飯は食べていない。「絶対迷惑はかけません。頑張るから」。引率教師は考え込んだ。そこで鳩首協議をし、最後はM先生の一声、「まあええがや、連れてってやれ」で落着。途中で彼女がバテでもしたら、我々が背負って下山することを覚悟した。

ところが彼女、ほんとうに三日間何も食べず、お茶だけで立山三山を歩き通したのである。一の越から雄山までの登りは普通の人でもきついところ。一言も弱音を吐かずに登りきった。そして、他の生徒に迷惑をかけることもなく全行程を見事に縦走、みんなと一緒に雷鳥荘まで歩き通したのである。

彼女、今はどうしているのかなあ。もういいお婆ちゃんになっていることだろう。

ついでにM先生のこと。当時すでに六十五歳を過ぎていたと思う。学校では数学の教師。何よりも山が好きで、常々「俺は山で死んだら本望だ」と入れ歯をガクガクさせながら語っていたのが忘れられない。独特の茶色のチロル帽に、昔ながらの三角形の大きなリュックサック、立派な熊皮の尻あてに、手にはピッケルという出で立ちが実に様になる人だった。生徒にも、私たち若い教師にもめっぽう優しく、何を言ってもあたたかく包み込んでくれた。

今、私はあのときのM先生の年代を超えましたが、若い人に対するあのような寛容と優しさは残念ながらありません。

修学旅行

修学旅行は生徒たちにとって高校三年間でもっとも思い出に残る学校行事である。そのほんの一部分を描写してみる。

ふだん私たちは学校という枠の中で教育を行っている。そして実技教科を除いて、大半は教室で講義形式で授業を行う。教師が一方的にしゃべり、板書をし、説明し、質問する。それを生徒は机に座って聞き、書き、返答するというもの。そこには、生徒が生の感情や個性を表す場面はそう多くはない。

ときたま冗談を言ったり余談に入ると、とたんに生徒たちの目が輝く。死んでいた目が生き返るのはそんなときぐらいである。授業の内容で生き生きとした生徒の顔を見ることはそう多くはないのだ。

横着な生徒、エネルギーのあり余っている生徒ほど死んでいる場合が多い。ところが、そういう生徒は放課後や学校外では、生き生きとしゃべり、遊び、ある意味リーダーとして行動していたりする。しかし、その時間帯は職員室で採点とか成績処理とか、会議をしているから、私たち教師がそれを見ることはほとんどないのである。

ところが修学旅行では、教室で見せないそういった生徒のふだんの一面を見ることができる。行き帰りの列車の中で、バスの中で、旅館の中で、教室では死んでいた生徒が実に生き生きと話し、笑い、友だちに世話を焼いたりする。

私の引率したころは、旅館で四泊のうち一夜だけカラオケ、スタンツなどでクラス全体で遊んだものだ。そんなときこそ彼女らの出番である。人気歌手の歌まね、教師のものまね、寸劇、最後は全員で合唱と雰囲気を盛り上げ、実に手際よく仕切ったのは授業中に死んでいた生徒たちであった。

四泊のほとんどを徹夜で語りあかし、昼間はバスの中で大口を開けて爆睡していた生徒。食事会場の大広間の入り口で全員のスリッパを黙々とそろえていた生徒、いつも率先して点呼をとったり、級友の世話をしたりして教師を補佐してくれた旅行委員。赤点ばかり取っている生徒が、実に多くの歌を歌詞カードなしで歌うので、どうしたらそんなにたくさんの歌を覚えているのかと聞いたら、「覚えようとしなきゃ、覚わらんわさ」と一本取られたこともある。

彼女たちは出発する前に四人から七人の班を作る。帰ってくるまで全ての行動を共にするグループである。当然仲の良い者どうしということになる。これがまたややこしい。最後まで問題がなければよいが、若いだけにそうはうまくいかない。仲違い、果ては喧嘩になることもある。最初はべったりとくっついていた二人が、口も聞かない関係になることもある。見かねて仲裁に入ろうとすると、怖い顔で、「先生は関係ないから、あっちへ行っとりゃー」と一蹴される。

こんなこともあった。就寝前、部屋を点呼して回っていたら、ある部屋で一人いない。どこへ行ったんだと聞いてもみんな知らないという。大騒ぎになった。その生徒、ホテルの屋上で星を見上げて涙を流していた。そして「あの星が私を呼んでいるの」と言うのには、怒ることもできなかった。

これら、すべて教室では見られない生徒の生の姿ばかり。こういう姿を見ることは教師にとって大切なことである。

教室だけだと、どうしても成績の良い生徒、素直な生徒、おとなしい生徒を評価しがちで、反抗的な生徒、よくおしゃべりをする生徒は叱ったりすることが多く、結果として遠くに押しやっていることになる。

赴任してから十五年ぐらいは、全行程バスでの集団行動ばかりで、見学地での生徒の自由行動はまったくなかった。当然、長崎のポイントもバスからの車窓見学が主で、下車しての見学は原爆資料館とグラバー邸（今はグラバー園）などの限られたところのみ。中華街とか眼鏡橋といった繁華街はまったく素通り。如己堂や出島の岸壁などは車窓から眺めるだけだった。ところがいつのころからか、教師の間から半日だけでも自由に行動させても良いのではという意見が出され、いろいろ検討をしたあと実施に移された。五百円の市電一日乗車券を持って、事前に計画したコースに沿って生徒は存分に長崎を楽しんだようだ。のちにはは丸一日を自主研修に当てた。危惧したような問題などまったく起きなかった。

原爆資料館について一言。私は高校時代に広島の原爆資料館を見ている。当時、見学後に渡された昼食の弁当が、しばらく食べられないぐらい大きなショックを受けた。殊勝にも、全世界の人がこれを見るべきだと思ったのを覚えている。

それに比べると、長崎の資料館の訴える力はずっと小さいように思う。私が最初に引率として行った一九六〇年代は、国際文化会館という建物の四、五階だけに、それも写真中心に展示されていたにすぎなかった。今は立派な独立した建物になっているが、実物資料の少なさはやはり変わらない。それでも、生徒たちにとって見ないより見た方がいいに決まっている。わいわい騒いでいた彼女たちも、ここではだれも厳粛な顔つきになる。

　昔、バスで回っていたころ、この原爆の説明がバスガイドの腕の見せ所であった。最初に原爆の被害の悲惨さとか科学的な説明のあと、永井隆博士の、「この子を残して」の一節を朗読。ベテランだと全てを暗記していて立て板に水である。そして、生徒がしんと静まったところで、「こよなく晴れた青空に……」〈長崎の鐘〉と歌い出す。何人かの生徒はたまらず鼻にハンカチを当ててこらえている。上手なガイドだと全員を泣かせてしまう。こんなふうに授業ができたらなあ、と私はまったく別なことを考えていた。

　あるときから、長崎の宿舎での夜に被爆者の語り部を招いて、原爆学習が行われるようになった。実際に体験した人の話は迫力がある。さっきまで騒いでいた生徒もしんとして聞いている。純真なものだ。

　これについて、あとで教師間で話題になったことがある。それは語り部が話の中で自分の主義主張を入れることの是非だ。例えば原爆を投下したアメリカを非難したり、日本政府の対応を批判したりすることが良いのかどうか。私は体験したことのみを淡々と語ってくれた方が、聞きやすいし訴える力が増すように思う。

　ともあれ、別府の温泉地獄では大地の鼓動を聞き、阿蘇の雄大さと自然の驚異に感動、雲仙ではそのあまりの臭さに鼻をつまみ、長崎では異国情緒を堪能したあと、原爆の悲惨さに涙を流す。太宰府天満宮では、たいして勉強もしないのに、このときだけは神妙に手を合わせ、お守りを買う。最後の吉野ヶ里遺跡では弥生時代の人々の生活に想いをはせる彼女たちでした。

さて、五日間の北九州での旅行を終え、帰りは長崎駅から寝台列車に乗る。これがまた大変。五日間お世話になったバスガイドと運転手との別れの愁嘆場。テープこそ飛ばないが、生徒の多くは目を真っ赤にして大泣きである。窓から手を出すなとか、デッキから身を乗り出すなと言っても全然聞く耳を持たない。こういうときの彼女たちの心境は私には理解できない。

ところが、発車してものの十分も経つとさっきの大泣きはどこへやら、また大騒ぎのバカ笑いだ。なんという変わり身の早さよ。この帰りの寝台列車がまた凄い。最後の夜とばかり、異常に興奮する。寝るどころの騒ぎでない。私は本を読むか、寝たふりをしているが、そんな雰囲気が嫌いではない。

あるときこんなことがあった。列車は関門海峡のトンネルをくぐるのだが、「よく見てろ、タコやマグロが見えるからな」とからかった。本気にした生徒が数人いて、一生懸命窓ごしに外を見ていたという。その生徒、「よくも騙したわね」とばかりほんとうに怒ってしまった。三十数年後、何かの機会にその生徒と会ったら、まだ覚えていた。往復新幹線を利用するようになってからは、こういう情緒というか雰囲気はなくなった。

名古屋駅に着いたとき、全員毒気を抜かれたような顔をして重い土産物を両手に持ち、粛々と家路につくのであった。——少しばかり大人になって。

余談であるが、本校の生徒は九州では非常に評判が良かった。当地のバスガイド（西肥バスを指定してよく使った）もよく知っていて、事前に本校だとわかるとみんなが乗車を希望したという。普通は修学旅行生を宿泊させない阿蘇観光ホテルや白雲荘も泊めてくれた。四十一年間、修学旅行で大きな事故は起きなかった。

歌舞伎鑑賞

私は、戦後に小学校へ入学した最初の世代である。親も子も先生も、毎日食べることだけに目の色を変えていた時代。当然、文化とか芸術といった心の豊かさを養うような学校行事などなかった。

中学時代と高校時代にもそんな行事はまったくなかった。大学にもなかった。家庭にももちろんなかった。だから、今の殺伐とした自分ができあがったのではないかと悔やんでいる。

一つだけ強烈に記憶しているのは、小学校高学年だったたか、団体鑑賞で観た映画『きけわだつみの声』。ビルマ戦線で敗退する日本軍を描いた映画だったが、負傷して歩けなくなった兵士をジャングルの中に置き去りにするシーンや、上官が兵士をいじめる場面など、戦争の残酷さが今も脳裏に焼き付いている。真実を見せられると、それは生涯残るものなのだ。

　さて、Ｏ学園高校について。以前には三年間に二つの大きな文化行事があった。一年生の秋に劇団「四季」のミュージカル鑑賞、二年生の秋には歌舞伎の鑑賞である。

　二つを比べると、生徒たちには圧倒的にミュージカルの評判が良い。「キャッツ」「ユタと不思議な仲間」などである。現代に生きる彼女たちにしてみれば、当然のことであろう。

　ところが、あるときの校長の「授業時間を少しでも確保したい」という方針のもと、たった半日でもそれが欠けるのはもったいないということで、ミュージカル鑑賞は取り止めになった。私は、欠ける三、四時間の授業より、年に一回くらい感動できる音楽なり、演劇なり、ミュージカルなどを鑑賞させる方が、よほど教育的意義があると思ったのだが。

　辛うじて残ったのは二年生の歌舞伎鑑賞である。当初秋だったのが、これも受験勉強に差し支えるからということで、二年生四月の「陽春花形歌舞伎」となった。

　私は、歌舞伎など中年になるまで、観たことも関心を持ったこともなかった。形式と伝統を重んじる退屈なもので、お金と時間に余裕のある人か、お年寄りの趣味の世界としか考えていなかった。だから、高いお金を出して観る気などさらさらなかった。

それがあるとき、文化部長になって、そんなことを言っていられなくなった。学校が教育の一環として観せる意義を、親に説明しなければならないのである。歌舞伎の歴史、演目の解説、しきたり、独特の言葉、屋号、化粧等を生徒にわかりやすく解説したパンフレットの作成と、かなり勉強した。

それでもよほど好きな生徒でない限り、ミュージカルほど興味を持ってくれない。わかりやすくしたつもりでも、事前の解説やパンフレットをどれだけ読んでくれたか、心細い限りであった。当日はイヤホンガイドを付けさせるが、私でも狂言のストーリーの半分もわからない。なかには眠ってしまう生徒もいて、役者が不快に思わないかハラハラしたこともある。そこは役者さんも心得ていて、「本日はO学園高校の生徒さんが……」なんて言葉を芝居の中に入れてくれる。生徒は大喜びだ。

どういう演目か忘れてしまったが、御園座の舞台の上から大量の水が流れ落ちてきて、役者が水浸しになって演じるという場面があった。一階の最前列の観客にはビニールの覆いが用意されたが、それでもかなり濡れた。それを見た生徒の一人が、「私もあの水に濡れたーい」と言った。面白いものだ。

料金は、学校の教育の一環だから、学園からかなりの補助が出た。それでも、昼食代も含めていくらかの額を保護者に負担してもらわねばならない。二階の良い席、三階の後ろの席など違いがあるが、保護者の負担は同じ。途中席を交代することで不平等にならないよう配慮する。

昼食は御園座内の食堂でとるが、何しろ時間が短い。席に着いた者から食べろ、食べたらトイレに行って席に戻れと忙しい。一年生のオリエンテーション合宿で、全員一斉に「いただきます」「ごちそうさま」としつけられているので、食べ終わって自分だけ席を立てない生徒もいる。

高い学費に加えて、さらにいくらかを保護者に負担を強いるのは心苦しい面もあったが、こういう日本の古典文化を、若いうちに鑑賞しておくことは意義のあることだと思う。一度も歌舞伎を観ることなく大人になるというのはいかがなものか。面白くなかったなら、それはそれで記憶に残るのではないか。

職員室

Ｏ学園高校の職員室を実況してみよう。職員室といっても実際は教師室である。事務職員は玄関脇に一室が設けられていて、そこで執務している。

広さは三百平方メートルぐらいか、そこに約七十名ほどの教師が机を並べて日々の業務を行う。机はスチール製の普通の事務机、椅子は背もたれがクッションになっているが、肘掛け椅子は校長と教頭にしか支給されない。その机の上が壮観だ。書類を保管する個人ロッカーがなかったため、そのほとんどを机上に積み上げることになる。Ａ４サイズの書類が入る二段の本立てならいいが、本来本立て用ではない整理棚を買ってきて、それを机上に置く。一メートル以上の高さの安っぽい棚を置いていた教師もいた。視界不良もいいところだ。整理の下手な教師は、一段だけの金属棒の本立ての上に、書類や本を雑然と積み上げていく。限度を超すと雪崩《なだれ》を起こし、周りの教師のひんしゅくを買った。

　ある年配の教師など、机の上が全部書類と本の山。それもぐちゃぐちゃに積まれている。机の上ばかりでなく、下も引き出しの前も書類や本で埋まっている。机の下に足が入らないので、昼食なんか自分の膝の上で食べている。いろんな配布物もどこに置いたらいいのか困ってしまう。生徒も「なにぃこの机、きったないなあ」なんて軽蔑の眼で通り過ぎる。しかし性分だから絶対に直らない。たまには整理をするようだが、二、三日で元の木阿弥《もくあみ》。今は新築の校舎で、原則机の上には物を置かないということらしいが、彼はどうしているのだろう。

　職員会議もここでやる。校長の席から遠い人は幸いである。机上のものが隠れ蓑になって堂々と内職（会議を無視して採点をしたり、本を読むこと）ができる。悲惨なのは校長の目の届くところにいる教師。校長の長々とした愚痴とも説教ともつかない話に、聞いている振りをしていなければならない。たまにコックリし始めると叱責を浴びせる校長もいた。

　さて本題。職員室は教師の仕事場なのだから、授業に行っているときは別にして、各自自分の席で教材研究をしたり、採点をしたり、パソコンのキーボードを叩いたり……と思うであろう。ところがそうではない。たまにはそういうこともあるが、だいたいは机に突っ伏して寝ているか、おしゃべりをしているか、お菓子を食べている者もいる。

私は以前はよく新聞を読んでいた。その日の新聞三紙を読まないと、なんだか落ち着かないのだ。朝食を取るか新聞を取るかと言われたら、確実に新聞を取る。それがあるときの校長に、「この忙しいのに新聞を読んでいる教師がいる」と言われてしまった。現代社会を教えていて、その日の新聞も読めないとは……。

ある人は自動車の話、こっちではパソコンの話、あっちでは生徒の話といろいろだ。生徒のうわさ話も職員室ではよくやる。特に生徒が入ってこない授業時間内にやる。「またあいつか」とか、「親にも問題がある」とか、生徒や保護者が聞いたら怒りだしそうなことも平気で言う。そうでもしないと、教師もストレスがたまって、やっていられないことだってあるのだ。

教材研究というのは、教師にとってもっとも大切なことなのだが、職員室ではあまりできない。少なくとも私はそうだった。自宅の自分の机でないとできない。

生徒の授業中は職員室は静かであるが、休憩時間や昼休みになると生徒がどっと入ってきて一気に賑やかになる。あっちでは、用もないのに若い男性教師のところに生徒が遊びにくる。こっちでは、年配の教師に呼び出された生徒が叱られてべそをかいている。職員室の新聞を読みにくる生徒もいる。セロテープを貸してとか、鋏を貸してと言ってくる生徒には必ず借用書を書かせる。借りていったら半分以上は返ってこないからだ。

教師と生徒の会話は、まあ友達感覚。私の高校時代には考えられない光景である。それでも本校の生徒の態度、言葉遣いはまだ良い方だと思う。

どんなことであれ、職員室にやってくる生徒はまだいい。来ない生徒が他で何をやっているのか、この辺がいじめとも関連してくるのではないか。

ちょっと話は変わるが、私は同僚の教師どうしがお互いを、「だれそれ先生」と呼ぶのにかなり抵抗感を持っていた。年齢がかなり上の人には先生を付けるが、そう違わない人に「先生」はおかしいと思う。学校内ならともかく、修学旅行など学校外で同僚教師を「だれそれ先生」と言うのは、気恥ずかしさが先に立つ。生徒の前での矜持も大切だろうが、一般の人がいるところでは滑稽に見えないか。「さん」付けで良いのではないか。

女子高校の大学入試

大学入試というと、私の常識では調査書（内申書）の成績に関わりなく、試験当日の成績いかんで合否が決まるというものである。高校の成績がどんなに良かろうが悪かろうが、一発勝負である。

現に私が国立大学に入れたのも、当日の試験で、たまたま運が良かったとしか言いようのない問題が出たからだ。化学はクイズのような問題だったし、数学では浪人生に有利な過去の問題に似たのが出た。これが調査書重視だったり、今のセンター試験などという味気ない試験だったら、私はまったく別の人生を歩んでいたに違いない。

ともあれ、大学入試が人生を左右する大きな節目の出来事であることは、昔も今も変わりない。

今回は女子高校の大学入試、それも三年生を連続して五年ほど担任した四十代のころの話。当時、女子の進学の主流は短期大学だった。学園併設のN短大と、頭文字を取って〝SSK〟と言われる名古屋御三家の短大が、彼女たちの目指す一番の大学だった。短大とはいえ、並の国立大学と同じくらい難しかったのではないか。

そのころの大学入試は、推薦入試と一般受験入試の二つのみ。推薦入試は指定校推薦と一般推薦の二種類ある。指定校というのは調査書の成績と推薦人数を大学が指定してくる入試のこと。S短大などは英文科・国文科各一名。ほとんど全科目オール5でないと推薦が得られないほどの難関である。そのための学内選考会議が実質入試である。そこで選ばれたら即合格だからだ。

一般推薦は、調査書の成績が大学の要求する推薦基準と、学内で設けた条件さえクリアしていれば、何人でも推薦できる。学内の条件とは三年間欠席・遅刻が一桁であること、非行などで処罰の経歴がないことである。推薦イコール合格でないところが指定校推薦と異なる。

ところが、あるときからもう一つ、自己推薦入試というのが始まった。これは文字通り自分で自分を推薦して受験するというもの。学校側は調査書を発行してやるだけ。学内の審査はなし。大学の方は、少しでも早く学生を確保したいという勝手な都合でこんな入試を始めたのだろうが、こちらはえらい迷惑である。非行、愚行を繰り返した生徒でもはやばやと合格するようになった。指定、一般推薦は学校長推薦だから卒業まではもちろん、大学入学後も真面目に勉強することを生徒に約束させられる。自己推薦はそのしばりが効かないのだ。合格後は勉強もしなくなり、遅刻、欠席もなんのそのとなる。

またある福祉系大学は、自己推薦する生徒に膨大な関連資料の提出を要求、そして何万円かの受験料を取って、面接もしないで書類だけで不合格にした。私はそれ以来、その大学の自己推薦をあまり勧めなかった。また、ある生徒がその大学を受けるにはどんなボランティアをやったら良いですかと聞きにきた。そういうのはボランティアとは言わないよと注意した。

推薦入試に欠かせないのが推薦書である。大方の大学は所定の用紙があって、生徒の氏名・生年月日を記入し、校長印を押すだけ。ところが、大学によっては担任に推薦文を書かせるところがある。調査書には、すでにその生徒についての担任の所感が書いてあるのに、さらに何を書けというのか。一度に十枚ぐらい家に持って帰って頭をひねったものである。大学は、いったい何を考えているのだろうか。

O学園高校の生徒の多くは、大学のレベルを一段下げてでも、推薦によって早く決めたかったようだ。高校入試で一度苦い思いを経験したことと、一般入試で思い切って挑戦するという気概に欠ける面があったことは否めない。

ともあれ、当時五十人のクラス生徒の三十人以上が二学期のうちに推薦で合格を決めた。残っている生徒は推薦受験で失敗した者、あくまでも一般受験で希望の大学にチャレンジする者である。クラスの半数以上が進学先を決定すると、その後の授業はどうなるとお思いか……。おかげで高校の授業が成り立つのは、二年半なのである。

最近の大学入試で気になるのは、その複雑なこと。前期日程、後期日程。A方式、B方式。一科目入試、三科目入試。センター利用入試と、一人の受験生が同じ大学を何回も受けることができる。一人の生徒に何通の調査書を書けばいいのか。

生徒に「贈る言葉」

「君たちのこれからが、より多くの困難と苦痛に満たされることを祈る」

卒業間際に、生徒が、アルバムなどに一筆をと言ってきたとき、私が好んで書く言葉である。

「なにぃ、先生はうちらの不幸を願っているの」と言う生徒もいたが、そうではない。若いときに困難も苦痛も知らないで大人になったら、それこそ最大の不幸なのだ。人は困難にぶつかり、失敗し、苦痛を味わってこそ優しく強い人間になっていくものだ、という思いを込めての言葉である。

長い人生、だれにでもいくつかの節目があり、さまざまな試練が待ちかまえている。入学試験、就職、恋愛、結婚、子育てなど、決して平坦な道ばかりではない。そのつど困難を、自分の意思と力で乗り越えてゆかねばならない。そんなとき、若い時代にどれだけ失敗したか、苦痛を味わったかが、その人にとってことのほか重要なのである。

何の失敗も苦痛も経験しないで、そうした節目を通過することほど不幸なことはない。例えば入学試験を考えてみよう。高校、大学と自分の希望する学校に一回の入試で合格したとする。そのときは本人も家族も大喜びであろう。しかし、その人が結婚し、子どもができて、その子が入試に直面したとする。親と同じように一回で合格すれば良いが、そうはいかない場合もある。そんなとき、親は当然慰めたり励ましたりするだろう。しかし、その子の心の中まで理解してやれるだろうか。受験に失敗してその人が負ったトラウマは、同じく失敗した人にしかわからないのでないか、と私は思う。

その失敗というか試練というか、私の大学の友人たちのことを少し記そう。

高校は私にとって今でも思い出したくもないほどつまらない三年間だったが、大学はめちゃくちゃ楽しい五年間（一年留年した）であった。その要素はいろいろあるが、第一に私の在籍した学科の友人たちの人柄を挙げることができる。

彼らの特徴は、二年、三年浪人を経験して入学してきた者がやたら多かったことである。クラス四十人のうち、二年浪人が一番多くて、次に三年浪人、一年浪人が私も含めて八人ぐらい。現役で入ってきたのはほんの数人という具合。これでこのクラスの雰囲気がわかるでしょう。そう、みんな優しい連中だった。大学入試を何度も失敗したという敗北感、挫折感を存分に味わった者が多かったからだと思っている。

大学に入って最初の友人は、三年浪人した男だった。彼は、テニスでは北海道高校ナンバーワンの実力を持っていたが、いつも背中を丸めて歩くのだ。なぜそうなったかと聞いたら、三年間浪人しているうちに胸を張って外を歩けなくなってしまったという。その彼の人柄は、真面目で優しいの一言である。

他の友人たちもみんな心のどこかに、敗北感とかコンプレックスを持っていたようだ。東京都内の大学を目指してきたが、力及ばず周辺の大学である我が大学に入ってきた者が多かったのも特徴的だった。コンパなどで酒を飲むと、彼らは大言壮語してよく暴れたが、心は優しい連中であった。

O学園高校の生徒がみんな優しいのは、公立の中位以上の高校に入れる力を持っていながら、ほんのちょっとしたことで苦い思いをして入学してきたということも、その一つの要因だと思う。優しさはともかく、強さという点では異論があるかもしれない。押しの強さとか、勝負強さではO学園高校の生徒は弱いと思われている。それだけによけい強さを身につけてほしいと願う。それには若いときに多くの困難にぶつかり、失敗をし、苦痛を味わうことだと考えて、冒頭の言葉になるのである。

もちろん、人間的な優しさも強さの一つ。たしか昔、子どもに読んで聞かせた絵本に、冬の雪と氷を、太陽が優しく溶かし和らげていく話があった。優しさとは、そういうものだ。

O学園高校には、よくテレビに映されるような、人を食ったような生意気さや、過剰な自信を持った生徒はいない。四十一年間接してきて、昔も今もその優しさは毫《ごう》も変わっていない。その上さらにいろいろな経験を積んで、より強いしっかりした人になってもらいたいと願っている。

頭がいいとか悪いとか、容姿が良いとか悪いとか、世渡りがうまいとか下手だとか、そんなことは長い人生にとって些末なこと。人に対する優しさと、人間としての強さこそ人生においてもっとも大切なものであり、美しいものと私は考えている。

卒業式

最後にＯ学園高校の卒業式を描きたい。私自身のそれは入学式と同じくほとんど記憶にない。高校は学校とは離れた別の場所で行われたが、大学受験のことで頭がいっぱいなのと、学校を好きでなかったこともあって忘れてしまった。大学は式にも出ていない。一年留年したものだから、今さら卒業式でもないだろうという気持ちだった。そんなことだから卒業式の感激というか、特別な思いというのは私にはまったくない。

ところが、Ｏ学園高校に来て思いを新たにした。この学校の卒業式は四十一年間、まったく変わらない形で行われた。それは「君が代」斉唱に始まって、卒業証書授与、校長の式辞、理事長の祝辞、生徒表彰、在校生送辞、「蛍の光」斉唱、卒業生答辞、「仰げば尊し」「学園歌」斉唱と、寸分の狂いもなく厳粛に行われるというもの。

一時、大学の学生運動が盛んなときに高校にもその影響が及んで、主として公立校で卒業式粉砕なんて動きがあった。その関係からか、それまでの儀式性を重んじるものから、生徒の演出で、まったく異なったフェスティバル的（？）な式まで現れたようだ。そんなとき、本校でも一部の生徒の動きを心配して身構えたこともあったが、厳粛な式は変わらず続けられた。なかなか良いものである。こういう行事は、その時々の風潮で形を変えていいものではなく、その学校の文化・伝統と言っていい。

式の中心は、なんといっても卒業生代表の答辞である。その内容は、大体のかたちはあるのだが、本人が書いたものに国語科教師が指導して出来上がる。三年間の主な行事、部活動といったものを淡々と述べ、「それももうお別れの時が来ました」と語り始めると、会場のどこからともなく鼻をすすり上げる音がする。壇上の私たちもなんとなくしんみりしてしまう。

その生徒は成績優秀、品行方正ということで、三年学年会議、職員会議で厳格な審査を経て決まる。そして来賓、保護者、理事者、教職員、在校生など満座の注目の中で、凛《りん》とした姿勢で堂々と振る舞い、読み上げ、多くの生徒を泣かせるなんて大したものである。

そんな中で校長の式辞は概してつまらない。大方は書いてきた巻紙を読み上げるのだが、印象に残っているのは一人だけ。ずいぶん前のF校長は、巻紙なしのアドリブで話し始めたのはいいが、途中どういう文脈でそうなったか忘れたが、「ゴキブリホイホイ」という言葉が飛び出し、後ろで聞いていて眠気がいっぺんに吹き飛んだ。

理事長の祝辞は、毎年同じ内容。いつも感謝の気持ちを忘れずに生きていきなさいというもの、それでいいのだ。

式の進行と表彰生徒の読み上げは三年学年主任が行う。私も何回か経験したが、一番気を遣ったのは、皆勤賞の全生徒名の読み上げである。ある年、百二十名ぐらいの対象者があって、あまり多いものだから途中で頭がくらくらしてきて、どこを読み上げているのか危うく間違えるところであった。

この皆勤賞で思い出すのは、ある年の私のクラスのK・Yという生徒。皆勤賞を取ることを目標に三学年の二月まで頑張ってきた。二月に入ると学年末試験も終わって、特定の日以外は三年生は学校に来なくてもよい。その特定の日とは「予餞会」だ。この日彼女は、九時から始まっているのに十時ごろにやってきた。完全に思い違いで皆勤賞をふいにした。そして、すねた。

そこで、「皆勤賞をもらうことが目標だったのか、三年間頑張ることが目標だったのか、どっちだ」と迫った。彼女たちは素直で単純だ。こういう言い方をストレートに受け入れ、立ち直った。

しかし、女性で三年間無遅刻、無欠席というのはなかなかできることではない。多少の成績の善し悪しよりはるかに立派である。毎年二割以上の生徒が皆勤賞をもらうことからして、O学園高校の生徒の真面目さがうかがい知れる。

式は鶴舞公園内の名古屋市公会堂を借りて行われるのだが、終わると一斉に玄関やその前の広場で在校生の祝福を受ける。部活動や後輩から花束が贈られるのである。とにかくその量が凄い。金額にしたらいくらだろうと考えてしまう。

我々教師も卒業生からもらうことが多い。手前味噌になるが、三学年を担任したある年、花束だけでなく、か弱い女生徒に胴上げされたこともあった。

そんな晴れがましい式の後、卒業生や保護者のあいさつを受けながら、私たち教師は別のことを心配している。どこかの男坊主どもが車でやってきて、卒業したばかりの生徒を乗っけて、これ見よがしに走り去っていくからである。のちに歌手デビューして東京に行き、多少は名が売れたTという生徒もその口だった。女子高教師は最後まで気が抜けないのである。

ともあれ、この生徒たちのこれからの人生が幸多からんことを祈る。

〈付録〉教師の心得二十

一、**教師の愛とは、生徒をかまってやることである。**
褒めてもよし、叱ってもよし、とにかく生徒をかまってやることである。別に語りかけなくても、一人ひとりの生徒が自分のことが先生の頭の中にちゃんとあると実感できればよい。生徒のことに無関心になることが一番いけない。

二、**生徒に対しては「一視同仁」を旨とし、「一期一会」と心得るべし。**
一視同仁とは、どんな生徒に対しても平等・公平に接するということ。特に悪さをする生徒ほどこのことは大切。彼女たちは不公平に対して非常に敏感なのだ。

一期一会とは、生徒と担任教師の出会いは全く偶然、一年後には必ず別れが来る。ゆえに目の前にいる生徒に全力をつくすのみ。

三、**手に負えない生徒ほど、その生徒は教師にとって先生である。**
この生徒一人がいなかったら、クラスがどんなにうまくいくかとか、どうして言うことをわかってくれないのかという生徒がいるものだが、その生徒こそ教師にとって最高の先生なのである。その生徒と真正面から切り結ぶ。そこに教師の成長がある。

四、教師に必要な究極は、生徒に対する誠意と情熱である。

このことはどんな職業についても言えることだろう。いくら幼いとはいえ、相手は同じ人間であり、教師の誠意と情熱については敏感である。

五、失敗を恐れてはいけない、失敗したと認める勇気を持つこと。

不用意な言葉で生徒を傷つけてしまった。教材研究が不十分で生徒の質問に答えられなかったなど、人間だれしも失敗する。大切なことはその失敗をごまかさないことだ。失敗を失敗と認めて、同じことを二度と繰り返さないことが大切。

六、教科指導でも生活指導でもクラス運営でも、生徒に「信念」を感じさせることが大切。

信念とは、授業内容ばかりでなく、人としての生き方も含めて最低このことをわかってほしくて自分は教師をやっているという心のこと。一年間の様々な教育活動を通して生徒に感じさせる。

七、教科指導と生活指導はどんなに厳しくしても、公平で信念に基づくものであれば生徒は理解する。

教科指導と生活指導の両方できて一人前の教師。得てして生活指導の厳しい教師は初め嫌われるが、公平で信念に基づいておれば最後には生徒は理解する。

八、ときには知っていてだまされてやるのも教師の仕事である。

生徒はいろいろなことを言ってくる。遅刻・欠席のうその理由から、非行・愚行の言い訳などで。そんなとき、生徒の目をぐっと見て一度はだまされてやるのも教師の仕事のうち。二度目は許してはいけない。

九、生徒は絶対に信じてよい。裏切らないし、裏切られない。

八と矛盾するようだが、十六〜八歳の子に心底から悪なんているはずがない。教師が熱意と誠意をもって接すれば必ず応えてくれる。

十、教師は生徒によって支えられる。

教師が自信をなくしたとき、落ち込んだとき、失敗したとき、そんなとき生徒の何げない言葉や動作で救われる。ふだん通りに教科の質問に来てくれたとか、写真を一緒に撮ってという行為で、自分はまだ先生として認められている、と実感するのだ。

十一、教えることより教えられることの方が多い。

教師生活四十一年間の実感。偉そうな顔して教えていたつもりが、実は正反対だった。

十二、生徒を叱るとき、教師は自分の言葉で自分の意志として叱ること。

服装指導や生徒の行動等を注意するとき、学校の決まりだからとか、校長がいかんと言っているからと、他のものの力を借りてはいけない。自分がだめと思ったら絶対にだめと迫らなければいけない。そうでないと生徒は教師が本気でないのを見抜いてしまう。

十三、生徒と向きあって話すのではなく、横並びになって話そう。
これは、単に生徒と対話するときの姿・形ばかりを言うのではなく、心の姿勢のことである。たとえ形は向かい合っていても、心は寄り添わないといけない。

十四、生徒が素直で良すぎると教師はダメになる。
O学園高校の生徒がそうである。実に素直で優しい。それに我々教師はついつい甘えてしまう。この甘えは教師にとって大敵。

十五、教師の教育力より生徒の教育力の方が大きい場合がある。
例えば、非行を犯して処罰を受けた生徒を立ち直らせるのに、クラスの生徒の力を借りる。授業規律の確立でも、授業をきちんと受けたいという大勢の生徒の力を借りて、一部の生徒を孤立させる。

十六、授業こそ教師の命。不断の教材研究を。
映画やテレビドラマの教師もの、学校ものは授業で苦労する教師を絶対に描かない。が、学校教育の根幹は授業である。部活動や生活指導でどんな優れていても、授業をおろそかにしては良い教師と言えない。不断の教材研究が一番大切。

十七、教師が失敗するとき。

初心を忘れたとき、生徒にもてていると思ったとき、教師という仕事に慣れてきたころが危険である。大体十年目ごろがその時期と言える。

十八、女子高における男性教師の落とし穴

女生徒は本能的に男性教師に甘い。多少の失敗は許してしまう。それでいい気になると落とし穴にはまる。

十九、女子高における男性教師の厳しさ

女子高では卒業したら生徒との関わりは全て終わり。男子高のように終生の師弟関係はない。だから目の前にいる生徒に全力をあげるのみ。

二十、教師の立ち直り方。

これは一つしかない。初心にもどり、誠実・緻密な授業を、あせらずてらわず根気よくやる以外に方法はない。

あとがき

Ｏ学園高校を退職して十数年、その間に現職時代の四十一年間を思い出しながら、生徒のことや教育のこと、教師としての自分のことなどを書き留めて、何人かの人にメールで送ってきた。いつの間にかそれが百編ほどになり、今回、その中から一部を選んで加筆訂正してできあがったのが本書である。

その四十一年間を簡単に振り返るとこういうことだ。

一九六四年、二十四歳で赴任したころは第二次ベビーブーム直前。生徒数は右肩上がり、全校生徒二千人以上、一クラスの人数が六十人を超えるまさにすし詰め状態のときもあった。私たち教師は大変だったが、そんなことにはかかわりなく生徒たちは、たくましく明るく学校生活を楽しんでいた。彼女たちにしてみると、小学校以来ずっとすし詰めで過ごしてきたからそれが当たり前なのだ。

三十代には職場に教職員組合が結成され、理事者と厳しく対立した。しかし、その成果はすぐに現れた。それまで曖昧だった給与体系が明示された。週の持ち時間が二十時間だったのが、十八時間になった。ベースアップも公務員準拠から自力で春闘を闘い、びっくりするような額を実現した。また、それまでなかった定年を長い交渉の末、六十五歳としたのも今にしてみると大きかった。

さらに私学独特の公費助成金運動も忘れられない。これは学費が高いから公費で助成してほしいというものから、かつてそうであった私学の本来の姿をとりもどそうという運動に発展していく。そのなかで、私学の存在意義など多くのことを学ぶ。

O学園高校も公立高校の受け皿的な位置から、推薦で第一希望で入ってくる生徒が多くなっていく。受験する生徒数も一時は八千人を超えたときもあった。

その間、私は生徒部に長く在籍し、非行、愚行の対処や服装・頭髪の指導に力を注いだことは本書のなかで述べた。四十代後半からは進路部に移ったが、当時は大学に対して生徒を送る高校の立場が比較的強く、推薦受験が多かったこともあって、あまり居心地の良いところではなかった。

五十代になると生徒数の漸減期に入り、他の私学では、男子校も女子校も次々と共学に傾いていくなか、本校はあくまでも女子教育にこだわる。そして四年制大学の開設、校名の変更、制服の刷新、校舎の全面建て替えとそれなりの努力が続けられる。

六十代には文化部に属し、図書館業務に携わる。公立に比べてはるかに潤沢な予算と立派な施設に恵まれ、大学時代から図書館と本が大好きな自分にとって充実した時代であった。

以上、ざっと私の四十一年を振り返ってみたが、その感想を一口で言えば、それは実に良い時代に教師として生きてきたなあということに尽きる。しかし、それは今だからこそ言えるのであって、その時々は常に危機感を持って教壇に立ってきた。生徒が多ければ多いなりに教育の危機を感じ、少なくなればそれは私学の存立の危機といった具合だ。一時たりとも安穏とした教師生活を送ったことはなかったように思う。しかし、だからこそ常に緊張感を失わず、私学教師として続けてこられたものと思う。

最後に、こんな未熟な私を教師として認めてくれ、支えてくれた多くの生徒たち、同僚教師の皆さん、理事者、そしてだれよりも妻久美子に深甚なる感謝の意を表したい。

また、誤字・脱字、句読点ばかりでなく、文章表現についても懇切、丁寧に指摘、指導をしていただいた先輩の山本昌典先生と、風媒社の劉永昇氏には大変お世話になりました。厚くお礼の言葉を述べさせて頂きます。ありがとうございました。

[著者略歴]
山田 晴彦（やまだ　はるひこ）
1940年、名古屋市に生まれる。小学校から高校までは名古屋の学校で過ごす。
1959年、千葉大学文理学部社会学科入学。法律・政治学専攻。
1964年、同大学卒業。
同年、名古屋市内の私立女子高校に社会科教師として赴任。主として歴史関係の教科に携わる。2005年、定年退職。

装　幀◎三矢千穂
本文イラスト◎田邊智子
カバーイラスト◎高藤暁子

女子高校の四季　ある教師の四十一年

2017年8月4日　第1刷発行　（定価はカバーに表示してあります）

著　者　山田　晴彦
発行者　山口　章

発行所　名古屋市中区大須 1-16-29
振替 00880-5-5616 電話 052-218-7808
http://www.fubaisha.com/
風媒社

*印刷・製本／モリモト印刷
乱丁本・落丁本はお取り替えいたします。
ISBN978-4-8331-5336-2